W9-CAJ-914

19

OCT 0 9 2014

INGLÉS EN 100 DÍAS

¡N°1 EN VENTAS EN ESTADOS UNIDOS EN CURSOS DE INGLÉS!

MÁS DE 2 MILLONES VENDIDOS

#1

EXITO EN ESTADOS UNIDOS

¡NUEVA EDICIÓN!

INGLÉS AL MINUTO

300 MINI-CLASES DE INGLÉS PRÁCTICAS Y FACILÍSIMAS

S
428.2
I 515-22
2014

AHORA CON APOYO ONLINE GRATIS

- CURSO DE PRONUNCIACIÓN
- CURSO DE CIUDADANÍA

21704215D

INGRESA A NUESTRO APOYO ONLINE

www.premium.inglesen100dias.com

AGUILAR

Título original: INGLÉS AL MINUTO
© 2014, TRIALTEA USA
PO BOX 45 44 02 Miami FL 33245-4402

PRISA EDICIONES

De esta edición:
D.R. © 2014, Santillana USA Publishing Company, Inc.
2023 NW 84th Avenue
Doral, FL 33122
Teléfono : 305-591-9522

Aguilar es un sello editorial del Grupo Santillana. Estas son sus sedes:

Argentina
Av. Leandro N. Alem, 720
C1001AAP Buenos Aires
Tel. (54 11) 4119 50 00
Fax (54 11) 4912 74 40

Bolivia
Avda. Arce, 2333
La Paz
Tel. (591 2) 44 11 22
Fax (591 2) 44 22 08

Colombia
Calle 80, nº10-23
Bogotá
Tel. (57 1) 635 12 00
Fax (57 1) 236 93 82

Costa Rica
La Uruca
Del Edi?cio de Aviación Civil
200 m al Oeste
San José de Costa Rica
Tel. (506) 220 42 42 y 220 47 70
Fax (506) 220 13 20

Chile
Dr. Aníbal Ariztía, 1444
Providencia
Santiago de Chile
Telf (56 2) 384 30 00
Fax (56 2) 384 30 60

Ecuador
Avda. Eloy Alfaro, N33-347 y
Avda. 6 de Diciembre
Quito
Tel. (593 2) 244 66 56 y 244 21 54
Fax (593 2) 244 87 91

El Salvador
Siemens, 51
Zona Industrial Santa Elena
Antiguo Cuscatlan - La Libertad
Tel. (503) 2 505 89 y 2 289 89 20
Fax (503) 2 278 60 66

España
Torrelaguna, 60
28043 Madrid
Tel. (34 91) 744 90 60
Fax (34 91) 744 92 24

Estados Unidos
2023 NW 84th Avenue
Doral, FL 33122
Tel. (1 305) 591 95 22 y 591 22 32
Fax (1 305) 591 74 73

Guatemala
7ª avenida, 11-11
Zona nº 9
Guatemala CA
Tel. (502) 24 29 43 00
Fax (502) 24 29 43 43

Honduras
Colonia Tepeyac Contigua a
Banco Cuscatlan - Boulevard
Juan Pablo,frente al Templo
Adventista 7º Día, Casa 1626
Tegucigalpa
Tel. (504) 239 98 84

México
Avda. Universidad, 767
Colonia del Valle
03100 México DF
Tel. (52 55) 54 20 75 30
Fax (52 55) 56 01 10 67

Panamá
Avda Juan Pablo II, nº 15.
Apartado Postal 863199, zona 7
Urbanización Industrial La
Locería
Ciudad de Panamá
Tel. (507) 260 09 45

Paraguay
Avda. Venezuela, 276
Entre Mariscal López y España
Asunción
Tel. y fax (595 21) 213 294 y
214 983

Perú
Avda. San Felipe, 731
Jesús María, Lima
Tel. (51 1) 218 10 14
Fax. (51 1) 463 39 86

Puerto Rico
Avenida Roosevelt, 1506
Guaynabo 00968
Puerto Rico
Tel. (1 787) 781 98 00
Fax (1 787) 782 61 49

República Dominicana
Juan Sánchez Ramírez, nº 9
Gazcue
Santo Domingo RD
Tel. (1809) 682 13 82 y 221 08 70
Fax (1809) 689 10 22

Uruguay
Constitución, 1889
11800 Montevideo
Uruguay
Tel. (598 2) 402 73 42 y 402 72 71
Fax (598 2) 401 51 86

Venezuela
Avda. Rómulo Gallegos
Edi?cio Zulia, 1º. Sector Monte
Cristo. Boleita Norte
Caracas
Tel. (58 212) 235 30 33
Fax (58 212) 239 10 51

Fotografía de cubierta:
© Andres Rodriguez | Dreamstime.com
Diseño Gráfico: Marina García
Diseño de portada: Melisa Chiavetto

ISBN 978-1-62263-642-6
Fecha de edición: Enero 2014

Todos los derechos reservados. Esta publicación no puede ser reproducida, ni en todo ni en parte, ni registrada en o transmitida por un sistema de recuperación de información, en ninguna forma ni por ningún medio, sea mecánico, fotoquímico, electrónico, magnético, electroóptico, por fotocopia o cualquier otro, sin el permiso previo por escrito de la editorial.

Impreso en U.S.A.

ÍNDICE DE CONTENIDOS

ÍNDICE

UNIDAD 1	¿COMO ESTÁS?	19
UNIDAD 2	EXPRESIONES DE CORTESÍA	20
UNIDAD 3	FORMAS DE PRESENTARSE	21
UNIDAD 4	FORMAS DE DIRIGIRSE A UNA PERSONA	22
UNIDAD 5	SALUDOS	23
UNIDAD 6	DESPEDIDAS	24
UNIDAD 7	FRASES COMUNES AL DESPEDIRSE	24
UNIDAD 8	LAS LEYES ANTIDISCRIMINATORIAS	25
UNIDAD 9	CONJUNCIONES	26
UNIDAD 10	EL ALFABETO	27
UNIDAD 11	EL ARTÍCULO DEFINIDO **THE**	28
UNIDAD 12	LOS ARTÍCULOS INDEFINIDOS **A**, **SOME**	29
UNIDAD 13	SUSTANTIVOS	30
UNIDAD 14	SUSTANTIVOS CONTABLES	31
UNIDAD 15	SUSTANTIVOS INCONTABLES	32
UNIDAD 16	LA BANDERA AMERICANA	33
UNIDAD 17	LOS NÚMEROS DEL 0 AL 10	34
UNIDAD 18	LOS NÚMEROS DEL 11 AL 20	35
UNIDAD 19	LA HORA	36
UNIDAD 20	LA HORA (EJEMPLOS)	37
UNIDAD 21	LOS DÍAS DE LA SEMANA	38
UNIDAD 22	LOS MESES DEL AÑO	39
UNIDAD 23	LAS ESTACIONES	40
UNIDAD 24	PRONOMBRES	41
UNIDAD 25	PRONOMBRES PERSONALES	42
UNIDAD 26	PRONOMBRES DEMOSTRATIVOS	43
UNIDAD 27	PRONOMBRES POSESIVOS	44
UNIDAD 28	PRONOMBRES DE OBJETO	45
UNIDAD 29	PRONOMBRES REFLEXIVOS	46

ÍNDICE

UNIDAD 30	EXPRESIONES Y FRASES	47
UNIDAD 31	VERBOS	48
UNIDAD 32	EL PRESENTE SIMPLE	49
UNIDAD 33	EL VERBO SER	50
UNIDAD 34	EL VERBO SER (AFIRMATIVO)	50
UNIDAD 35	El VERBO SER (NEGATIVO)	51
UNIDAD 36	EL VERBO SER (PREGUNTAS)	51
UNIDAD 37	EL VERBO ESTAR	52
UNIDAD 38	EL VERBO ESTAR (AFIRMATIVO)	52
UNIDAD 39	El VERBO ESTAR (NEGATIVO)	53
UNIDAD 40	EL VERBO ESTAR (PREGUNTAS)	53
UNIDAD 41	RESPUESTAS CORTAS CON EL VERBO SER / ESTAR	54
UNIDAD 42	RESPUESTAS CORTAS CON EL VERBO SER / ESTAR (EJEMPLOS)	54
UNIDAD 43	LOS FERIADOS	55
UNIDAD 44	COMENTARIOS SOBRE EL ASPECTO FÍSICO (NUESTROS ERRORES MAS FRECUENTES)	56
UNIDAD 45	LOS PAÍSES	57
UNIDAD 46	LAS NACIONALIDADES	58
UNIDAD 47	LOS IDIOMAS	59
UNIDAD 48	EL PLURAL S, ES	60
UNIDAD 49	EL PLURAL DE PALABRAS QUE TERMINAN EN -Y	60
UNIDAD 50	EL PLURAL IRREGULAR	61
UNIDAD 51	REGLAS DE PRONUNCIACIÓN DEL PLURAL	61
UNIDAD 52	REGLAS DE PRONUNCIACIÓN DEL PLURAL (EJEMPLOS)	62
UNIDAD 53	ADJETIVOS	63
UNIDAD 54	ADJETIVOS DESCRIPTIVOS	64
UNIDAD 55	ADJETIVOS DEMOSTRATIVOS	65
UNIDAD 56	ADJETIVOS POSESIVOS	66
UNIDAD 57	ADJETIVOS INDEFINIDOS	66
UNIDAD 58	**A FEW, A LITTLE**	67
UNIDAD 59	**MANY, MUCH, A LOT**	67

ÍNDICE

UNIDAD 60	**ANY**	68
UNIDAD 61	**EVERY**	68
UNIDAD 62	**SOME**	69
UNIDAD 63	COMBINACIONES CON **ANY, EVERY, SOME**	70
UNIDAD 64	LOS COLORES	71
UNIDAD 65	LOS COLORES (EJEMPLOS)	71
UNIDAD 66	LOS NÚMEROS DEL 21 AL 100	72
UNIDAD 67	LAS BIBLIOTECAS PÚBLICAS	73
UNIDAD 68	HAY	73
UNIDAD 69	NO HAY	74
UNIDAD 70	¿HAY?	74
UNIDAD 71	RESPUESTAS CORTAS CON HAY	75
UNIDAD 72	SEÑALES DE TRÁNSITO	76
UNIDAD 73	EL AUTO	77
UNIDAD 74	LOS NÚMEROS ORDINALES	78
UNIDAD 75	EL COMPARATIVO TAN... COMO	79
UNIDAD 76	EL COMPARATIVO MAS... QUE	80
UNIDAD 77	EL COMPARATIVO MENOS... QUE	81
UNIDAD 78	COMPARATIVOS DE IGUALDAD Y DESIGUALDAD (EJEMPLOS)	81
UNIDAD 79	EL SUPERLATIVO	82
UNIDAD 80	EL SUPERLATIVO (EJEMPLOS)	83
UNIDAD 81	LOS NÚMEROS DEL 200 AL 1,000	83
UNIDAD 82	LOS NÚMEROS DEL 200 AL 1,000 (EJEMPLOS)	84
UNIDAD 83	MARCANDO EL 911	85
UNIDAD 84	LISTA DE VERBOS (1)	86
UNIDAD 85	LISTA DE VERBOS (2)	87
UNIDAD 86	LISTA DE VERBOS (3)	88
UNIDAD 87	EL VERBO **TO SPEAK** (HABLAR)	89
UNIDAD 88	LAS PARTES DE LA CARA	90
UNIDAD 89	EL VERBO **TO DO** (HACER)	91
UNIDAD 90	EL VERBO HACER (AFIRMATIVO)	91

ÍNDICE

UNIDAD 91	EL VERBO HACER (NEGATIVO)	92
UNIDAD 92	EL VERBO HACER (PREGUNTAS)	92
UNIDAD 93	ROMPER EL HIELO CON OTRA PERSONA (NUESTROS ERRORES MAS FRECUENTES)	93
UNIDAD 94	EL VERBO AUXILIAR **DO** / **DOES**	93
UNIDAD 95	EL AUXILIAR **DO** (NEGATIVO)	94
UNIDAD 96	EL AUXILIAR **DO** (PREGUNTAS)	94
UNIDAD 97	EL VERBO **TO HAVE** (TENER)	95
UNIDAD 98	EL VERBO TENER (AFIRMATIVO)	95
UNIDAD 99	EL VERBO TENER (NEGATIVO)	96
UNIDAD 100	EL VERBO TENER (PREGUNTAS)	96
UNIDAD 101	COGNADOS Y FALSOS COGNADOS	97
UNIDAD 102	COGNADOS	98
UNIDAD 103	FALSOS COGNADOS	99
UNIDAD 104	EL VERBO IR (TO GO)	100
UNIDAD 105	EL ESTADO CIVIL	101
UNIDAD 106	LA FAMILIA	102
UNIDAD 107	LOS PARIENTES	103
UNIDAD 108	ESTADOS DE ÁNIMO	104
UNIDAD 109	EL CLIMA	105
UNIDAD 110	EL CLIMA (FRASES)	106
UNIDAD 111	PREPOSICIONES	107
UNIDAD 112	**IN, ON, AT**	108
UNIDAD 113	**WITH, WITHOUT**	108
UNIDAD 114	**TOO / ALSO**	109
UNIDAD 115	**EITHER, NEITHER**	110
UNIDAD 116	DESCRIBIENDO A UNA PERSONA	111
UNIDAD 117	CENANDO CON INVITADOS	111
UNIDAD 118	FALSOS COGNADOS	112
UNIDAD 119	EL GERUNDIO	112
UNIDAD 120	EL PRESENTE CONTÍNUO	113

ÍNDICE

UNIDAD 121	EL PRESENTE CONTÍNUO (EJEMPLOS)	114
UNIDAD 122	EL VERBO **TO EAT** (COMER)	114
UNIDAD 123	EL VERBO **TO LISTEN** (ESCUCHAR)	115
UNIDAD 124	**LIKE, DISLIKE**	115
UNIDAD 125	COMPRANDO ROPA	116
UNIDAD 126	CONVERSACIONES TELEFÓNICAS	117
UNIDAD 127	VERBOS MODALES	118
UNIDAD 128	**CAN**	119
UNIDAD 129	**COULD**	120
UNIDAD 130	**HAVE TO**	120
UNIDAD 131	**WOULD**	121
UNIDAD 132	**SHOULD**	122
UNIDAD 133	**WANT, WOULD LIKE**	122
UNIDAD 134	**MAY, MIGHT**	123
UNIDAD 135	**MUST**	123
UNIDAD 136	UN ENCUENTRO CON UN POLICÍA (DIALOGO)	124
UNIDAD 137	LA TARJETA DE SEGURO SOCIAL	125
UNIDAD 138	FRASES VERBALES	126
UNIDAD 139	FRASES VERBALES (EJEMPLOS)	126
UNIDAD 140	FRASES VERBALES **GET IN, GET BACK**	127
UNIDAD 141	FRASES VERBALES **GET OUT, GET UP**	127
UNIDAD 142	FRASES VERBALES **GO BACK, GO OUT, GO ON**	128
UNIDAD 143	EL FUTURO Y EL FUTURO PRÓXIMO	129
UNIDAD 144	EL FUTURO PRÓXIMO (AFIRMATIVO)	130
UNIDAD 145	EL FUTURO PRÓXIMO (NEGATIVO)	130
UNIDAD 146	EL FUTURO PRÓXIMO (PREGUNTAS)	131
UNIDAD 147	EL FUTURO SIMPLE (AFIRMATIVO)	131
UNIDAD 148	EL FUTURO (NEGATIVO)	132
UNIDAD 149	EL FUTURO (PREGUNTAS)	132
UNIDAD 150	RESPUESTAS CORTAS CON EL FUTURO	133
UNIDAD 151	FALSOS COGNADOS	133

ÍNDICE

UNIDAD 152	EL VERBO **TO READ** (LEER)	134
UNIDAD 153	EL VERBO **TO ANSWER** (RESPONDER)	135
UNIDAD 154	EL VERBO **TO ASK** (PREGUNTAR)	136
UNIDAD 155	EL VERBO **TO WRITE** (ESCRIBIR)	137
UNIDAD 156	LAS PROFESIONES Y LOS PUESTOS DE TRABAJO	138
UNIDAD 157	LAS PARTES DEL CUERPO	139
UNIDAD 158	LA CORTESÍA (NUESTROS ERRORES MAS FRECUENTES)	140
UNIDAD 159	HABRÁ / HABRÁN	140
UNIDAD 160	NO HABRÁ / NO HABRÁN	141
UNIDAD 161	¿HABRÁ?	141
UNIDAD 162	LOS MUEBLES	142
UNIDAD 163	EL IMPERATIVO	143
UNIDAD 164	EL IMPERATIVO **LET'S**	144
UNIDAD 165	VERBOS (PASADO)	144
UNIDAD 166	SER / ESTAR (PASADO)	145
UNIDAD 167	SER / ESTAR - PASADO (AFIRMATIVO)	145
UNIDAD 168	SER / ESTAR - PASADO (NEGATIVO)	146
UNIDAD 169	SER / ESTAR - PASADO (PREGUNTAS)	146
UNIDAD 170	RESPUESTAS CORTAS CON EL VERBO SER / ESTAR (PASADO)	147
UNIDAD 171	VERBOS REGULARES (PASADO)	148
UNIDAD 172	VERBOS REGULARES - PASADO (EJEMPLOS)	149
UNIDAD 173	DANDO INSTRUCCIONES PARA LLEGAR A UN LUGAR	150
UNIDAD 174	DANDO INSTRUCCIONES (EJEMPLOS)	150
UNIDAD 175	EL VERBO **TO LOOK** (MIRAR)	151
UNIDAD 176	EL VERBO **TO STUDY** (ESTUDIAR)	152
UNIDAD 177	VERBOS IRREGULARES - SONIDO OU (PASADO)	153
UNIDAD 178	VERBOS IRREGULARES QUE CAMBIAN UNA LETRA (PASADO)	154
UNIDAD 179	VERBOS IRREGULARES QUE NO CAMBIAN (PASADO)	155
UNIDAD 180	VERBOS IRREGULARES - PASADO (EJEMPLOS)	156
UNIDAD 181	HABLANDO DEL TRABAJO	157
UNIDAD 182	LOS ALIMENTOS	158

ÍNDICE

UNIDAD 183	ORDENANDO EN EL RESTAURANTE	159
UNIDAD 184	LOS NÚMEROS DEL 2,000 AL 19,000	160
UNIDAD 185	LOS NÚMEROS DEL 20,000 AL 100,000	161
UNIDAD 186	LOS NÚMEROS DEL 200,000 A MIL MILLONES	162
UNIDAD 187	EL AUXILIAR **DID** (NEGATIVO)	163
UNIDAD 188	EL AUXILIAR **DID** (PREGUNTAS)	163
UNIDAD 189	EL VERBO **TO WAIT** (ESPERAR)	164
UNIDAD 190	EL VERBO **TO TAKE** (TOMAR, LLEVAR)	164
UNIDAD 191	EL VERBO **TO HELP** (AYUDAR)	165
UNIDAD 192	EL VERBO **TO BUY** (COMPRAR)	165
UNIDAD 193	ADVERBIOS	166
UNIDAD 194	ADVERBIOS TERMINADOS EN -LY	167
UNIDAD 195	ADVERIOS DE LUGAR	168
UNIDAD 196	ADVERBIOS DE TIEMPO	169
UNIDAD 197	ADVERBIOS DE FRECUENCIA	170
UNIDAD 198	SOLÍA...	171
UNIDAD 199	SOLÍA... (AFIRMATIVO)	171
UNIDAD 200	SOLÍA... (NEGATIVO Y PREGUNTAS)	172
UNIDAD 201	HUBO	172
UNIDAD 202	NO HUBO	173
UNIDAD 203	¿HUBO?	173
UNIDAD 204	LA CASA	174
UNIDAD 205	PREGUNTANDO LA FECHA DE NACIMIENTO	175
UNIDAD 206	PREGUNTANDO LA NACIONALIDAD	176
UNIDAD 207	PROBLEMAS DE COMPRENSIÓN	177
UNIDAD 208	FALSOS COGNADOS	177
UNIDAD 209	**STILL, YET**	178
UNIDAD 210	**ALREADY, YET**	178
UNIDAD 211	**SINCE, FOR**	179
UNIDAD 212	**EVER, NEVER**	179
UNIDAD 213	PALABRAS INTERROGATIVAS	180

ÍNDICE

UNIDAD 214	**WHAT**	181
UNIDAD 215	**WHO**	181
UNIDAD 216	**HOW**	182
UNIDAD 217	**WHEN**	182
UNIDAD 218	**WHERE**	183
UNIDAD 219	**WHY**	184
UNIDAD 220	**HOW MANY, HOW MUCH**	185
UNIDAD 221	**WHAT, HOW** EN EXCLAMACIONES	186
UNIDAD 222	**HOW OFTEN**	187
UNIDAD 223	**HOW FAR, HOW LONG**	187
UNIDAD 224	EN LA FARMACIA	188
UNIDAD 225	ENFERMEDADES	189
UNIDAD 226	PROBLEMAS DE SALUD	190
UNIDAD 227	PRESENTACIONES Y EXPRESIONES DE CORTESÍA (DIÁLOGO)	190
UNIDAD 228	PALABRAS INTERROGATIVAS (DIÁLOGO)	191
UNIDAD 229	LA FAMILIA (DIÁLOGO)	191
UNIDAD 230	EL VERBO TENER (PASADO)	192
UNIDAD 231	EL VERBO TENER - PASADO (AFIRMATIVO)	192
UNIDAD 232	EL VERBO TENER - PASADO (NEGATIVO)	193
UNIDAD 233	EL VERBO TENER - PASADO (PREGUNTAS)	193
UNIDAD 234	PREGUNTAS REAFIRMATIVAS CON EL VERBO **TO BE**	194
UNIDAD 235	PREGUNTAS REAFIRMATIVAS CON EL AUXILIAR **DO**	194
UNIDAD 236	EL PASADO CONTÍNUO	195
UNIDAD 237	EL PASADO CONTÍNUO (EJEMPLOS)	195
UNIDAD 238	EL VERBO **TO COME** (VENIR)	196
UNIDAD 239	EL VERBO **TO DRIVE** (CONDUCIR)	196
UNIDAD 240	EL VERBO **TO FEEL** (SENTIR)	197
UNIDAD 241	EL VERBO **TO FINISH** (TERMINAR)	197
UNIDAD 242	LA ROPA	198
UNIDAD 243	LA CASA (DIÁLOGO)	199
UNIDAD 244	LA COMIDA (DIÁLOGO)	199

ÍNDICE

UNIDAD 245	LA ROPA (DIÁLOGO)	200
UNIDAD 246	FRASES VERBALES **COME BACK, COME UP WITH**	200
UNIDAD 247	FRASES VERBALES **COME FROM, COME ON**	201
UNIDAD 248	EL DÍA DE ACCIÓN DE GRACIAS	202
UNIDAD 249	SONIDOS DE VOCALES Y DIPTONGOS - [a], [a:]	203
UNIDAD 250	SONIDOS DE VOCALES Y DIPTONGOS - [æ], [e]	204
UNIDAD 251	SONIDOS DE VOCALES Y DIPTONGOS - [e], [e:]	205
UNIDAD 252	LA ENTONACIÓN (NUESTROS ERRORES MAS FRECUENTES)	206
UNIDAD 253	CONVERSACIÓN TELEFÓNICA (COMPRENSIÓN ORAL)	206
UNIDAD 254	EL PASADO PARTICIPIO	207
UNIDAD 255	VERBOS REGULARES (PASADO PARTICIPIO)	208
UNIDAD 256	VERBOS IRREGULARES (PASADO PARTICIPIO)	209
UNIDAD 257	EL PRESENTE PERFECTO	210
UNIDAD 258	EL PRESENTE PERFECTO (AFIRMATIVO)	210
UNIDAD 259	EL PRESENTE PERFECTO (NEGATIVO)	211
UNIDAD 260	EL PRESENTE PERFECTO (PREGUNTAS)	211
UNIDAD 261	EL PRESENTE PERFECTO CONTÍNUO	212
UNIDAD 262	EL PRESENTE PERFECTO CONTÍNUO (EJEMPLOS)	212
UNIDAD 263	EL VERBO **TO LIVE** (VIVIR)	213
UNIDAD 264	EL VERBO **TO KNOW** (SABER)	214
UNIDAD 265	FALSOS COGNADOS	214
UNIDAD 266	LOS DEPORTES	215
UNIDAD 267	EL TRANSPORTE	216
UNIDAD 268	SONIDOS DE VOCALES Y DIPTONGOS - [i], [i:]	217
UNIDAD 269	EN EL CORREO (COMPRENSION ORAL)	218
UNIDAD 270	EL PASADO PERFECTO	218
UNIDAD 271	EL PASADO PERFECTO (EJEMPLOS)	219
UNIDAD 272	EL VERBO **TO LEARN** (APRENDER)	220
UNIDAD 273	EL VERBO **TO SLEEP** (DORMIR)	220
UNIDAD 274	REGLAS DE PRONUNCIACIÓN EN PASADO (SONIDO D)	221
UNIDAD 275	REGLAS DE PRONUNCIACIÓN EN PASADO (SONIDO ED)	221

ÍNDICE

UNIDAD 276	REGLAS DE PRONUNCIACIÓN EN PASADO (SONIDO T)	222
UNIDAD 277	PROBLEMAS DE SALUD (COMPRENSION ORAL)	222
UNIDAD 278	LOS ANIMALES	223
UNIDAD 279	EL CONDICIONAL (PRESENTE)	224
UNIDAD 280	EL CONDICIONAL (PRESENTE - FUTURO)	224
UNIDAD 281	EL VERBO **TO UNDERSTAND** (COMPRENDER, ENTENDER)	225
UNIDAD 282	EL VERBO **TO WAKE UP** (DESPERTAR)	225
UNIDAD 283	INVITANDO A ALGUIEN	226
UNIDAD 284	PIDIENDO PERMISO	226
UNIDAD 285	EN EL HOTEL (COMPRENSIÓN ORAL)	227
UNIDAD 286	FRASES VERBALES **SHOW AROUND, SHOW UP, SHOW OFF**	227
UNIDAD 287	FRASES VERBALES **TURN ON, TURN OFF**	228
UNIDAD 288	LA PRONUNCIACIÓN (NUESTROS ERRORES MAS FRECUENTES)	228
UNIDAD 289	SONIDOS DE VOCALES Y DIPTONGOS - [o:], [u:]	229
UNIDAD 290	SONIDOS DE VOCALES Y DIPTONGOS - [u], [au]	230
UNIDAD 291	SONIDOS DE VOCALES Y DIPTONGOS - [ai], [ei]	231
UNIDAD 292	SONIDOS DE VOCALES Y DIPTONGOS - [ou], [oi]	232
UNIDAD 293	¿QUE HORA ES? (COMPRENSIÓN ORAL)	233
UNIDAD 294	EL VERBO **TO START** (COMENZAR)	233
UNIDAD 295	EL VERBO **TO THINK** (PENSAR)	234
UNIDAD 296	FRASES VERBALES **COUNT IN, COUNT ON**	234
UNIDAD 297	FRASES VERBALES **LOOK FOR, LOOK AFTER**	235
UNIDAD 298	FRASES VERBALES **TAKE OUT, TAKE OFF**	235
UNIDAD 299	¿QUE TAL SI... ?	236
UNIDAD 300	BUSCANDO TRABAJO (COMPRENSIÓN ORAL)	236
LAS 1000 PALABRAS CLAVE DEL INGLÉS AMERICANO		237
TEST DE VOCABULARIO autocorregido		258
RESPUESTAS DE LOS TEST DE VOCABULARIO		270

UNIDADES

UNIDAD 001

¿CÓMO ESTÁS?

Aprendamos algunas maneras de preguntar cómo estás:

¿Cómo está usted?
How are you?

¿Cómo estás?
How are you doing?

¿Cómo va todo?
How is it going?

¿Cómo están las cosas?
How are things going?

¿Qué tal?
What's up?

Y cuando te pregunten a ti, respondes:

Bien, gracias.
Fine, thank you.

Muy bien, gracias.
Very well, thank you.

UNIDAD 002

EXPRESIONES DE CORTESÍA

Aprendamos algunas expresiones de cortesía:

¡Bienvenido!
Welcome!

¿Cómo está? / ¿Cómo estás?
How are you doing?

Por favor / **Please**

Disculpe / **Excuse me**

¿Podría repetir?
Could you repeat?

Más despacio
More slowly

Lo siento / **I'm sorry**

¡Cuídate! / **Take care!**

¡Sírvete!
Help yourself!

¡Pase! ¡Adelante!
Go ahead!

¡Siéntese!
Sit down!

Después de usted
After you

No comprendo
I don't understand

UNIDAD 003

FORMAS DE PRESENTARSE

Cuando te presentas, dices:

Hola, soy...
Hello, I am...

Hola, soy Terry
Hello, I'm Terry

Hola, mi nombre es Alex
Hello, my name is Alex

Y responderás diciendo por ejemplo:

Encantada
Nice to meet you

Encantada de conocerlo a usted también
Nice to meet you, too

Cuando presentas a alguien, dices:

Te presento a Sam
This is Sam

Te presento a mi hermano
This is my brother

UNIDAD 004

FORMAS DE DIRIGIRSE A UNA PERSONA

Para dirigirnos a alguien formalmente, usamos los siguientes títulos, seguidos del apellido de la persona:

Señor
Mister (Mr.)

Señora
Mistress (Mrs.)

Señorita
Miss (Ms.)

Por ejemplo:

Buenos días señor Smith.
Good morning Mr. Smith.

Buenas tardes señora Adams.
Good afternoon Mrs. Adams.

Buenas noches señorita Williams.
Good evening Ms. Williams.

UNIDAD 005

SALUDOS

Aprendamos las partes del dia:

Mañana
Morning

Al principio
de la tarde
Afternoon

Final de la tarde
Evening

Cuando saludamos, decimos:

¡Buenos días!
Good morning!

¡Buenas tardes!
Good afternoon!

¡Buenas tardes! /
¡Buenas noches!
Good evening!

También podemos saludar de una manera informal, diciendo:

¡Hola! / Hello!

UNIDAD 006

DESPEDIDAS

Para despedirnos, podemos decir:

Hasta luego
See you later

Nos vemos pronto
See you soon

¡Buenas noches!
Good night!

Hasta mañana
See you tomorrow

Adiós / **Goodbye**

Chao / **Bye**

Chao, chao / **Bye, bye**

UNIDAD 007

FRASES COMUNES AL DESPEDIRSE

Cuando te despides de alguien puedes decir:

¡Qué tengas un buen día!
Have a nice day!

¡Qué tengas un buen fin de semana!
Have a nice weekend!

¡Qué tengas un buen viaje!
Have a good trip!

¡Espero verte pronto!
I hope to see you soon!

¡Te extrañaremos!
We'll miss you!

UNIDAD 008

LAS LEYES ANTIDISCRIMINATORIAS

Las leyes que prohíben la discriminación en el trabajo se llaman leyes de igualdad de oportunidades de empleo.

En Estados Unidos, es ilegal hacer cualquier tipo de discriminación sea por sexo, raza, religión o edad. Si una persona es discriminada por raza, sexo, religión o edad, debe denunciarlo a las autoridades.

Además, es conveniente consultar con un abogado antes de iniciar algún proceso legal en Estados Unidos.

UNIDAD 009

CONJUNCIONES

Las conjunciones son palabras que usamos para unir dos o más ideas en una frase.

Aprendamos las conjunciones:

Y
And

O
Or

Pero
But

Por ejemplo:

Jean y Paul están aquí
Jean and Paul are here

¿Eres Mary o Rosa?
Are you Mary or Rose?

Ella no es bonita,
pero es inteligente
She is not pretty,
but she is intelligent

UNIDAD 010

EL ALFABETO

En inglés, es muy frecuente tener que deletrear una palabra. Esta guía te será muy útil:

a. apple.

b. banana.

c. Charlie.

d. David.

e. elephant.

f. Frank.

g. George.

h. Harry.

i. Italy.

j. junior.

k. kilo.

l. Luis.

m. money.

n. Nancy.

o. Oscar.

p. pineapple.

q. question.

r. Raymond.

s. sun.

t. Tom.

u. united.

v. Victor.

w. window.

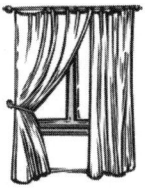

x. X-ray.

y. yoyo.

z. zebra.

UNIDAD 011

EL ARTÍCULO DEFINIDO THE

Los artículos definidos el, la, los, las, en inglés se dicen:

The

El mar.
The ocean.

La Tierra.
The Earth.

Los Estados Unidos.
The United States.

Las estrellas.
The stars.

UNIDAD 012

LOS ARTÍCULOS INDEFINIDOS A, SOME

Los artículos indefinidos un, una, unos, unas, en inglés se dicen:

Un / una
A

Unos / unas
Some

Por ejemplo:

Un amigo.
A friend.

Una flor.
A flower.

Unos amigos.
Some friends.

Unas flores.
Some flowers.

Cuando el artículo un / una está antes de una palabra que empieza con vocal en inglés, decimos:

An.

Por ejemplo:

Una manzana.
An apple.

Un elefante.
An elephant.

UNIDAD 013

SUSTANTIVOS

Los sustantivos son las palabras con las que indicamos nombres de personas, animales o cosas.

Por ejemplo:

Día / **Day**

Noche / **Night**

Hombre / **Man**

Mujer / **Woman**

Familia / **Family**

Gente / **People**

Estados Unidos
United States

Navidad
Christmas

Salud
Health

Perro / **Dog**

Gato / **Cat**

Cepillo / **Brush**

Teléfono
Telephone

UNIDAD 014

SUSTANTIVOS CONTABLES

Los sustantivos contables son aquellos que se pueden contar.

Por ejemplo:

Una taza
One cup

Cinco tazas
Five cups

Un problema
One problem

Dos problemas
Two problems

Algunos sustantivos siempre están en forma plural

Por ejemplo:

Tijera / Scissors

Anteojos / Glasses

Pantalón / Pants

UNIDAD 015

SUSTANTIVOS INCONTABLES

Los sustantivos incontables son aquellos que no se pueden contar.

Música /Music

Clima /Weather

Pueden nombrar sólidos, líquidos y gaseosos:

Sólidos	Líquidos	Gaseosos
Queso Cheese	Agua Water	Aire Air
Madera Wood	Vino Wine	Humo Smoke

Para expresar cantidad, puedes decir:

Cinco tazas de azúcar
Five cups of sugar

UNIDAD 016

LA BANDERA AMERICANA

La bandera americana tiene su significado. Las 13 barras representan las 13 colonias originales del territorio americano antes de la independencia de los ingleses en 1776. Las 50 estrellas sobre el cuadrado azul representan los 50 estados que forman los Estados Unidos en la actualidad.

UNIDAD 017

LOS NÚMEROS DEL 0 AL 10

Aprendamos los números del 0 al 10.

Cero
Zero

Cinco
Five

Ocho
Eight

Uno
One

Seis
Six

Nueve
Nine

Dos
Two

Siete
Seven

Diez
Ten

Tres
Three

Cuatro
Four

UNIDAD 018

LOS NÚMEROS DEL 11 AL 20

Aprendamos los números del 11 al 20.

Once
Eleven

Doce
Twelve

Trece
Thirteen

Catorce
Fourteen

Quince
Fifteen

Dieciséis
Sixteen

Diecisiete
Seventeen

Dieciocho
Eighteen

Diecinueve
Nineteen

Veinte
Twenty

UNIDAD 019

LA HORA

Para preguntar la hora, dices:

¿Qué hora es?
What time is it?

Para dar la hora, usas el pronombre it y dices:

Son las
It is

Son las cinco
It's five o'clock

Son las dos
It's two o'clock

Aprendamos las siguientes palabras y frases relacionadas con la hora.

Y cuarto
And a quarter

Y media
Half past

Un cuarto para las
A quarter to

UNIDAD 020

LA HORA (EJEMPLOS)

Practiquemos las siguientes frases relacionadas con la hora:

Son las ocho y cuarto	It's eight and a quarter
Son las ocho y quince	It's eight fifteen
Son las seis y treinta	It's six thirty
Son las seis y media	It's half past six
Es mediodía	It's noon
Es media noche	It's midnight
Son las once y cuarenta y cinco	It's eleven forty-five
Son las doce menos cuarto	It's a quarter to twelve

UNIDAD 021

LOS DÍAS DE LA SEMANA

Aprendamos los días de la semana:

Lunes ▶ Monday

Martes ▶ Tuesday

Miércoles ▶ Wednesday

Jueves ▶ Thursday

Viernes ▶ Friday

Sábado ▶ Saturday

Domingo ▶ Sunday

Practiquemos con los siguientes ejemplos:

El lunes voy al supermercado
On Monday, I go to the supermarket

Los sábados juego tenis
On Satudays, I play tennis

UNIDAD 022

LOS MESES DEL AÑO

Aprendamos los meses del año:

Enero
January

Febrero
February

Marzo
March

Abril
April

Mayo
May

Junio
June

Julio
July

Agosto
August

Septiembre
September

Octubre
October

Noviembre
November

Diciembre
December

UNIDAD 23

LAS ESTACIONES

Aprendamos las estaciones:

Primavera	Verano	Otoño	Invierno
Spring	**Summer**	**Fall**	**Winter**

Practiquemos con los siguientes ejemplos:

La primavera
empieza en marzo
Spring begins in March

Hace frío en invierno
It's cold in winter

El verano
termina en septiembre
Summer ends in September

UNIDAD 024

PRONOMBRES

Los pronombres son las palabras que reemplazan a los nombres.

Por ejemplo:

Yo, tú
I, you

Paul se puede reemplazar diciendo:

El
He

George y yo se puede reemplazar diciendo:

Nosotros
We

Tú y Charlie se puede reemplazar diciendo:

Ustedes
You (plural)

Magaly and Joe se puede reemplazar diciendo:

Ellos
They

UNIDAD 025

PRONOMBRES PERSONALES

Los pronombres personales son aquellos que reemplazan a los sujetos. Pueden ser personas, animales o cosas.

Aprendamos los pronombres personales:

Yo · I

Tú o usted
You.

El · He.

Ella · She

(Para animales o cosas)
It.

Nosotros · We

Ustedes · You

Ellos o ellas · They.

Por ejemplo:

Yo soy Carol.
I am Carol.

Nosotros somos amigos.
We are friends.

Ellos son buenos.
They are good.

UNIDAD 026

PRONOMBRES DEMOSTRATIVOS

Los pronombres demostrativos son las palabras que reemplazan a un sustantivo e indican la distancia con respecto del sujeto que habla.

Los pronombres demostrativos son:

Éste / Ésta. **This.**

Ése / Ésa. **That.**

Éstos / Éstas. **These.**

Ésos / Ésas. **Those.**

Por ejemplo:

Éste es mi perro.
This is my dog.

Ésa es una silla.
That is a chair.

UNIDAD 027

PRONOMBRES POSESIVOS

Los pronombres posesivos son aquellos que reemplazan a un sustantivo e indican pertenencia o propiedad.

Aprendamos los pronombres posesivos:

Mío. Mine.

Tuyo. Yours.

Suyo (de él, de ella). His, Hers.

Nuestro. Ours.

Suyo (de ustedes). Yours.

Suyo (de ellos). Theirs.

Por ejemplo:

La mesa es mía.

The table is mine.

Los libros son tuyos.

The books are yours.

El auto es suyo (de él).

The car is his.

UNIDAD 028

PRONOMBRES DE OBJETO

Los pronombres de objeto reemplazan a una palabra que funciona como objeto.

Aprendamos los pronombres de objeto:

Me (a mí). Me.	Lo o La (para animales o cosas). It.
Te (a ti) You.	Nos (a nosotros). Us.
Lo (a él) Him.	Los (a ustedes). You.
La (a ella). Her.	Los (a ellos o a ellas). Them.

Por ejemplo:

Tú me amas (a mí).
You love me.

Yo te amo (a ti).
I love you.

Ella lo ama (a él).
She loves him.

UNIDAD 29

PRONOMBRES REFLEXIVOS

Los pronombres reflexivos son aquellos que indican que una acción determinada recae en la misma persona.

Aprendamos los pronombres reflexivos:

Me · **Myself**

Te / Se · **Yourself**

Se (masculino) · **Himself**

Se (femenino) · **Herself**

Se (para animales o cosas) · **Itself**

Nos · **Ourselves**

Se (para ustedes) **Yourselves**

Se (para ellos) **Themselves**

Por ejemplo:

Me corté · **I cut myself**

UNIDAD 030

EXPRESIONES Y FRASES

Aprendamos algunas expresiones generales:

¡No te preocupes!
Don't worry!

¡Buena suerte!
Good luck!

¡Buena idea!
Good idea!

¡Fantástico!
Great!

¡Santo cielo!
Holy smoke!

¡Apúrate!
Hurry up!

¡Trato hecho!
It´s a deal!

¡Por supuesto!
Of course!

Por ejemplo
For example

Aquí tienes
Here you are

Estoy de acuerdo
I agree

No lo sé
I don´t know

Déjame pensar
Let me think

UNIDAD 031

VERBOS

Los verbos indican una acción en la frase. Hay verbos auxiliares, regulares, irregulares, modales y preposicionales.

Algunos de los verbos más usados son:

Ser / Estar To be	Hacer To do	Tener To have
Ir To go	Venir To come	Vivir To live

Los verbos **do** y **have** también son algunos de los verbos auxiliares.

UNIDAD 032

EL PRESENTE SIMPLE

Para conjugar verbos en presente simple, les quitamos la palabra **to** que va adelante:

Trabajar	Yo trabajo
To work	I work

Cuando los verbos van después de **he, she, it,** les agregamos la terminación **-s** o **-es:**

El trabaja	Ella va	El hace
He works	She goes	He does

A algunos verbos se les cambia la **y** por **i**, antes de agregarles la **s** final:

Estudiar	El estudia
To study	He studies

UNIDAD 033 EL VERBO SER

*Aprendamos el verbo **to be** con el significado **ser**:*

Yo soy · I am. I'm

Tú eres o usted es
You are. You're

El es · He is. He's

Ella es · She is. She's

(Para animales o cosas) es
It is. It's

Nosotros somos
We are. We're

Ustedes son
You are. You're

Ellos / Ellas son
They are. They're

UNIDAD 034 EL VERBO SER (AFIRMATIVO)

*Practiquemos frases afirmativas con el verbo **to be** (ser):*

Yo soy americano
I am American

Tú eres muy amable
You are very nice

El es profesor
He is a teacher

Ella es bonita
She is pretty

(Para animales o cosas)
Es bueno. It is good

Nosotros somos estudiantes
We are students

Ustedes son amigos
You are friends

Ellos son canadienses
They are Canadians

UNIDAD 035 EL VERBO SER (NEGATIVO)

Para formar una frase negativa con el verbo **to be** (ser) agregamos la palabra not después del verbo y decimos:

I am not · I'm not

He is not · He isn't

They are not ·They aren't

Por ejemplo:

Yo no soy profesor
I'm not a teacher

Ella no es mexicana
She isn't Mexican

Ustedes no son abogados
You aren't lawyers

UNIDAD 036 EL VERBO SER (PREGUNTAS)

*Para preguntar, colocamos el verbo **to be** al inicio de la frase:*

Por ejemplo:

¿Es usted el dueño?
Are you the owner?

¿Es él americano?
Is he American?

¿Es un buen hotel?
Is it a good hotel?

¿Somos colegas?
Are we coworkers?

¿Son ustedes compañeros de trabajo?
Are you coworkers?

¿Son ellos maestros?
Are they teachers?

UNIDAD 037 EL VERBO ESTAR

*Aprendamos el verbo **to be** con el significado **estar**:*

Yo estoy · I am. I'm

Tú estás o usted está
You are. You're

El está · He is. He's

Ella está · She is. She's

(Para animales o cosas)
It is. It's.

Nosotros estamos
We are. We're

Ustedes están
You are. You're

UNIDAD 038 EL VERBO ESTAR (AFIRMATIVO)

*Practiquemos el verbo **to be** (estar) en afirmativo:*

Yo estoy en Las Vegas
I am in Las Vegas

Tú estás en Nueva York
You are in New York

Él está en Michigan
He is in Michigan

Nosotros estamos en Londres
We are in London

Ustedes están en Kentucky
You are in Kentucky

Ellos están en Boston
They are in Boston

UNIDAD 039 EL VERBO ESTAR (NEGATIVO)

*Para formar una frase negativa con el verbo **to be** (estar), agregamos la palabra **not** después del verbo:*

I am not I'm not.
She is not She isn't.
They are not They aren't.

Por ejemplo:

Yo no estoy aquí.
I'm not here.

El no está en su departamento.
He isn't in his apartment.

Nosotros no estamos listos.
We aren't ready.

UNIDAD 040 EL VERBO ESTAR (PREGUNTAS)

*Para preguntar, usando el verbo **to be**, colocamos el verbo al principio de la frase:*

¿Está usted escuchando?
Are you listening?

¿Está él en su casa?
Is he at home?

¿Está ella en la oficina?
Is she in the office?

¿Estamos trabajando?
Are we working?

¿Están ustedes allí?
Are you there?

¿Están ellos en el hospital?
Are they in the hospital?

UNIDAD 041

RESPUESTAS CORTAS CON EL VERBO SER / ESTAR

Para responder en inglés, podemos usar maneras de responder más rápidas, las cuales se llaman respuestas cortas.

Aprendamos a formar respuestas cortas con el verbo **to be** (ser / estar).

Empezamos diciendo Yes o No.

Luego, usamos un pronombre personal, seguido del verbo to be en afirmativo o negativo.

Por ejemplo:

Sí, lo soy / lo estoy
Yes, I am

No, ella no lo es / está
No, she isn't

Sí, lo somos / estamos
Yes, we are

UNIDAD 042

RESPUESTAS CORTAS CON EL VERBO SER / ESTAR (EJEMPLOS)

*Practiquemos algunas respuestas cortas con el verbo **to be** (ser / estar):*

¿Es ella brasileña?
Is she Brazilian?

Sí, lo es · Yes, she is

¿Somos primos?
Are we cousins?

No, no lo somos.
No, we aren't.

¿Estás en la oficina?
Are you in the office?

Sí, lo estoy · Yes, I am.

¿Eres peruano?
Are you Peruvian?

Sí, lo soy · Yes, I am.

UNIDAD 043

LOS FERIADOS

Los feriados más importantes en Estados Unidos son:

1 de enero
Año Nuevo

Tercer lunes de enero
Día de Martin Luther King

Tercer lunes de febrero
Día de los Presidentes

Cuarto lunes de mayo
Memorial Day

4 de julio
Día de la Independencia

Primer lunes de septiembre
Día del Trabajo

Segundo lunes de octubre
Día de Cristóbal Colón

11 de noviembre
Día de los Veteranos de Guerra

Cuarto jueves de noviembre
Día de Acción de Gracias

25 de diciembre
Navidad

UNIDAD 044

COMENTARIOS SOBRE EL ASPECTO FÍSICO (NUESTROS ERRORES MAS FRECUENTES)

Para llevar una buena relación con los estadounidenses hay que tener mucho cuidado en cómo uno se dirige hacia ellos.

Nunca se debe comentar aspectos físicos de las personas, como si es alta o baja, o si está con exceso o falta de peso.

Ellos se preocupan mucho por su apariencia y cualquier referencia a ella se considera de muy mala educación.

UNIDAD 045

LOS PAÍSES

Aprendamos a decir los nombres de los siguientes países en inglés:

Alemania
Germany

Arabia Saudita
Saudi Arabia

Argentina
Argentina

Australia
Australia

Brasil
Brazil

Bélgica
Belgium

China
China

Estados Unidos
United States

Francia
France

Holanda
Netherlands

Inglaterra
England

Italia
Italy

Japón
Japan

Polonia
Poland

Rusia
Russia

España
Spain

Sudáfrica
South Africa

Turquía
Turkey

UNIDAD 046

LAS NACIONALIDADES

Aprendamos las siguientes nacionalidades:

Alemán **German**	Canadiense **Canadian**	Griego **Greek**
Americano **American**	Chino **Chinese**	Israelita **Israelí**
Argentino **Argentinian**	Colombiano **Colombian**	Japonés **Japanese**
Australiano **Australian**	Español **Spanish**	Mexicano **Mexican**
Brasileño **Brazilian**	Francés **French**	Peruano **Peruvian**
Británico **British**		Venezolano **Venezuelan**

UNIDAD 047

LOS IDIOMAS

Aprendamos a decir algunos idiomas:

Alemán **German**	Griego **Greek**	Holandés **Dutch**
Portugués **Portuguese**	Japonés **Japanese**	Italiano **Italian**
Inglés **English**		Polaco **Polish**
Chino **Chinese**	Español **Spanish**	Ruso **Russian**
Francés **French**	Arabe **Arabic**	Hebreo **Hebrew**

UNIDAD 048

EL PLURAL S, ES

Para formar el plural de algunas palabras, agregamos la letra **s** al final:

One flower
Six flowers

A friend
Two friends

Cuando la palabra termina en **sh**, **ch**, **ss**, o **x**, le agregamos **es** al final:

A dish · Five dishes

A match · Three matches

A class · Two classes

UNIDAD 049

EL PLURAL DE PALABRAS QUE TERMINAN EN -Y

Cuando una palabra termina en **y**, después de una consonante, reemplazamos la **y** por **ies**:

A city
Two cities

A lady
Three ladies

Cuando una palabra termina en **y**, teniendo una vocal adelante, solo le agregamos una **s** al final:

A day · Seven days

A boy · Five boys

UNIDAD 053

ADJETIVOS

Los adjetivos son las palabras que describen al sustantivo. Estos pueden describir una característica, indicar la distancia con respecto del sustantivo, o indicar pertenencia o propiedad. Otros pueden indicar cantidades indefinidas.

Los adjetivos descriptivos, en inglés, se colocan antes del sustantivo y no tienen plural.

Por ejemplo:

Casa pequeña
Small house

Casas pequeñas
Small houses

Muchacho alto
Tall guy

Muchachos altos
Tall guys

UNIDAD 054

ADJETIVOS DESCRIPTIVOS

Los aldjetivos descriptivos indican una característica propia del sustantivo. Aprendamos algunos de ellos:

Alto **Tall**	Corto **Short**	Bonito **Pretty**
Grande **Big**	Joven **Young**	Feo **Ugly**
Pequeño **Small**	Nuevo **New**	Dulce **Sweet**
Largo **Long**	Viejo **Old**	Agrio **Sour**

Practiquemos con algunos ejemplos:

La muchacha alta **The tall girl**	El auto nuevo **The new car**
El vestido largo **The long dress**	El helado dulce **The sweet ice-cream**

UNIDAD 055

ADJETIVOS DEMOSTRATIVOS

Los adjetivos demostrativos son las palabras que indican la distancia de un sustantivo con respecto del sujeto que habla.

Los adjetivos demostrativos son:

Este / Esta · This

Ese / Esa · That

Estos / Estas · These

Esos / Esas ·Those

Por ejemplo:

Este gato · This cat

Ese cuadro · That picture

Estos gatos ·These cats

Esos cuadros
Those pictures

Esta mesa
This table

Esa casa · That house

Estas mesas
These tables

Esas casas
Those houses

UNIDAD 056

ADJETIVOS POSESIVOS

Los adjetivos posesivos indican pertenencia o propiedad

Los adjetivos posesivos son:

Mi · My
Tu · Your
Su (de él) · His
Su (de ella) · Her
Su (para animales o cosas) · Its
Nuestro · Our
Su (de ustedes) · Your
Su (de ellos) · Their

Por ejemplo:

Mi blusa · My blouse

Tu libro · Your book

Su auto (de él)
His car

UNIDAD 057

ADJETIVOS INDEFINIDOS

Los adjetivos indefinidos son aquellos que indican una cantidad indefinida

Los adjetivos indefinidos son:

Algunos · Some
Ninguno · Any
Varios · Several
Bastante · A lot
Muchos · Many
Unos pocos · A few
Un poco de · A little
Todo / Cada · Every

Por ejemplo:

Hay algunas zanahorias
There are some carrots

No vemos ningún almacén
We don't see any storage

Ellos compran unos limones
They buy a few lemons

UNIDAD 058

A FEW, A LITTLE

La frase **a few** significa **unos pocos**, y se usa con sustantivos contables.

Por ejemplo:

Unas pocas tazas de té
A few cups of tea

Unos pocos edificios
A few buildings

La frase **a little** significa **un poco de**, y se usa con sustantivos incontables:

Por ejemplo:

Un poco de azúcar
A little sugar

Un poco de café
A little coffee

UNIDAD 059

MANY, MUCH, A LOT

*La palabra **many** significa **muchos**.*
Se usa con sustantivos contables:

Muchas tazas de té
Many cups of tea.

Muchos obstáculos.
Many obstacles.

La palabra **much** significa **mucho**. Se usa con sustantivos incontables:

Mucho azúcar · Much sugar

Mucho café · Much coffee

La palabra **a lot** significa **bastante**:

Bastantes autos
A lot of cars

Bastante agua
A lot of water

UNIDAD 060

ANY

*Usamos **any** en frases negativas y en preguntas. La palabra **any** significa **nada de, ningún, ninguna**. Cuando usamos **any** en frases negativas, generalmente, no tiene traducción.*

Por ejemplo:

No hay manzanas
There aren't any apples

No hay café
There isn't any coffee.

En preguntas, **any** significa **algo de, algún, alguna, algunos, algunas:**

¿Hay algunas manzanas?
Are there any apples?

¿Hay algo de café?
Is there any coffee?

UNIDAD 061

EVERY

*La palabra **every** significa **cada** y **todo**.*

Por ejemplo:

Tomo un examen cada año
I take a test every year

Voy al doctor cada mes
I go to the doctor every month

Todos los estudiantes tienen una computadora
Every student has a computer

Voy a la ciudad todos los días
I go to the city everyday

UNIDAD 062

SOME

La palabra **some** significa **algo de**, **algunos**, **algunas**, y se usa generalmente en frases afirmativas.

Por ejemplo:

Necesito algunas naranjas
I need some oranges

Tengo algo de dinero
I have some money

También usamos **some** en algunas preguntas.

Por ejemplo:

¿Quisieras un café?
Would you like some coffee?

¿Puedo tomar un poco de agua?
May I have some water?

UNIDAD 063

COMBINACIONES CON ANY, EVERY, SOME

*Podemos combinar **any**, **every** y **some** de la siguiente manera:*

Cualquiera, nadie
Anybody

Cualquier cosa, nada
Anything

En cualquier lugar, en ningún lugar
Anywhere

Todo el mundo
Everybody

Todas las cosas
Everything

En todas partes
Everywhere

Alguien · Somebody

Algo · Something

En algún lugar
Somewhere

Por ejemplo:

Ellos están en cualquier lugar
They are anywhere

Todo el mundo está contento
Everybody is happy

Queremos algo
We want something

UNIDAD 064 ADJETIVOS POSESIVOS

Para saber el color de algo, preguntas:

¿De qué color es?
What color is it?

Aprendamos los colores:

Negro · Black
Azul · Blue
Marrón · Brown
Gris · Gray
Verde · Green
Rosa · Pink
Naranja · Orange
Rojo · Red
Amarillo · Yellow
Blanco · White

UNIDAD 065 LOS COLORES (EJEMPLOS)

Practiquemos las siguientes frases usando los colores:

Negro como el carbón
Black as coal

Blanca como la nieve
White as snow

Azul como el cielo
Blue as the sky

Verde como el césped
Green as the grass

Rojo como la sangre
Red as blood

Rosa como un flamenco
Pink as a flamingo

Amarillo como el sol
Yellow as the sun

UNIDAD 066

LOS NUMEROS DEL 21 AL 100

Aprendamos los números del 21 al 100

21	Veintiuno Twenty-one	
22	Veintidós Twenty-two	
23	Veintitrés Twenty-three	
24	Veinticuatro Twenty-four	
25	Veinticinco Twenty-five	
26	Veintiséis Twenty-six	
27	Veintisiete Twenty-seven	
28	Veintiocho Twenty-eight	
29	Veintinueve Twenty-nine	
30	Treinta Thirty	
40	Cuarenta Forty	
50	Cincuenta Fifty	
60	Sesenta Sixty	
70	Setenta Seventy	
80	Ochenta Eighty	
90	Noventa Ninety	
100	Cien One hundred	

UNIDAD 067 LAS BIBLIOTECAS PÚBLICAS

Las bibliotecas públicas de Estados Unidos son un servicio fabuloso y gratuito que se ofrece a la comunidad.
Una vez registrado, uno puede tomar libros prestados, ir a leer y estudiar, y usar las computadoras sin costo alguno.
Además, ofrecen un entorno tranquilo y acogedor donde poder leer y estudiar cómodamente.

¡Es importante aprovechar esta oportunidades!

UNIDAD 068 HAY

Existen dos maneras de decir **hay** en inglés.
Cuando nos referirnos a una persona o cosa, decimos:

There is

Cuando hablamos de dos o más personas o cosas, decimos:

There are

Por ejemplo:

Hay un cuchillo
There is a knife

Hay dos tenedores
There are two forks

UNIDAD 069

NO HAY

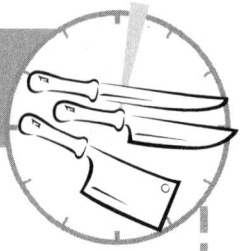

Existen dos maneras de decir **no hay** en inglés.

Cuando hablamos de una cosa, decimos:
There isn't

Cuando hablamos de varias cosas:
There aren't

Por ejemplo:

No hay un cuchillo
There isn't a knife

No hay dos tenedores
There aren't two forks

UNIDAD 070

¿HAY?

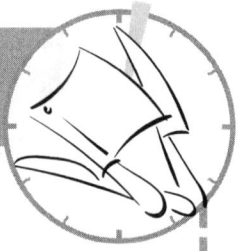

Existen dos maneras de preguntar usando **hay**.

Cuando hablamos de una cosa, decimos:
Is there?

Cuando hablamos de varias cosas:
Are there?

Por ejemplo:

¿Hay un cuchillo?
Is there a knife?

¿Hay dos tenedores?
Are there two forks?

UNIDAD 071

RESPUESTAS CORTAS CON HAY

Para responder de una manera más rápida usando **hay** o **no hay**, puedes hacerlo con las respuestas cortas.

A la pregunta:

¿Hay un cuchillo?
Is there a knife?

Responderás:

Sí, hay.
Yes, there is.

O:

No, no hay.
No, there isn't.

A la pregunta:

¿Hay dos cuchillos?
Are there two knives?

Responderás:

Sí, hay.
Yes, there are.

O:

No, no hay.
No, there aren't.

UNIDAD 072

SEÑALES DE TRÁNSITO

La señales de tránsito son:

Pare **Stop**	No pasar **Do not enter**	Prohibido estacionar **No parking**
Ceda el paso **Yield**	Velocidad máxima **Speed limit**	Carril de bomberos **Fire lane**
Sin salida **No outlet**	Altura máxima **Clearance**	Línea del tren **Railroad track**
Un solo sentido **One way**	Prohibido camiones **No trucks**	Semáforo **Traffic light**
Salida **Exit**		Acera **Sidewalk**

UNIDAD 073

EL AUTO

Aprendamos las palabras relacionadas con el auto:

Acelerador
Accelerator

Batería
Battery

Capot
Hood

Freno
Brake

Embrague
Clutch

Tablero
Dashboard

Exterior
Exterior

Parachoques
Fender

Caja de cambios
Gear box

Luces
Headlight

Interior
Interior

Espejo
Mirror

Parabrisas
Windshield

Puerta
Door

Radiador
Radiator

Rueda
Wheel

Volante
Steering wheel

Radiador
Tire

Maletero
Trunk

Ventana
Window

UNIDAD 074

LOS NÚMEROS ORDINALES

Los números ordinales son:

1º	Primero First	Octavo Eighth	8º
2º	Segundo Second	Noveno Ninth	9º
3º	Tercero Third	Décimo Tenth	10º
4º	Cuarto Fourth	Undécimo Eleventh	11º
5º	Quinto Fifth	Duodécimo Twelveth	12º
6º	Sexto Sixth	Vigésimo Twentieth	20º
7º	Séptimo Seventh	Trigésimo Thirtieth	30º

UNIDAD 075

EL COMPARATIVO TAN... COMO

Aprendamos a hacer comparaciones

Para hacer una comparación de igualdad, usamos:

Tan... como

As...as

Tan alto como

As tall as

Tan fuerte como

As strong as

Tan fácil como

As easy as

Tan amable como

As nice as

UNIDAD 076

EL COMPARATIVO MAS... QUE

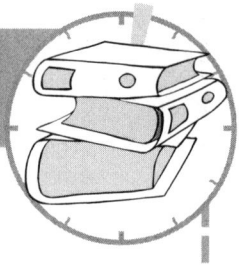

Para hacer comparaciones de superioridad, usamos:

Más ... que
More ... than

Por ejemplo:

Más importante que
More important than

Más bella que
More beautiful than

Si la palabra es corta (una o dos sílabas), sólo agregamos la terminación **-ier.**

Fácil · Easy

Más fácil que
Easier than

Algunos adjetivos cambian completamente:

Bien · Good

Mejor que · Better than

Mal · Bad

Peor que · Worse than

Lejos · Far

Más lejos que
Farther than

UNIDAD 077

EL COMPARATIVO MENOS... QUE

Para hacer una comparación de inferioridad, decimos:

Menos... que
Less... than

Por ejemplo:

Menos difícil que
Less difficult than

Menos pequeño que
Less small than

Menos bonito que
Less pretty than

Menos fuerte que
Less strong than

UNIDAD 078

COMPARATIVOS DE IGUALDAD Y DESIGUALDAD (EJEMPLOS)

Practiquemos los comparativos de igualdad y desigualdad con las siguientes frases:

Tina es tan alta como Peter
Tina is as tall as Peter

Jeff es más fuerte que Joe
Jeff is stronger than Joe

Katy es menos bonita que Betty
Katy is less pretty than Betty

Esa medicina es peor que ésta
That medicine is worse than this one

UNIDAD 079

EL SUPERLATIVO

Para indicar una cualidad de superioridad o inferioridad de alguien o algo, usamos el superlativo

Para formar el superlativo, decimos:

El más
The most

El menos
The least

Por ejemplo:

El más inteligente
The most intelligent

La menos difícil
The least difficult

Si el adjetivo es corto, solo agregamos la terminación **-est** al adjetivo.

Grande · Big

El más grande
The biggest one

Algunos adjetivos cambian completamente:

Bueno · Good

El mejor · The best

Malo · Bad

El peor · The worst

UNIDAD 080

EL SUPERLATIVO (EJEMPLOS)

Practiquemos el superlativo con las siguientes frases:

El es el mejor jugador
He is the best player

Ella es la muchacha más alta de la escuela
She is the tallest girl at school

Esa es la peor comida
That is the worst food

Ellos tienen los libros menos interesantes
They have the least interesting books

UNIDAD 081

LOS NUMEROS DEL 200 AL 1,000

Aprendamos ahora los números del 200 al 1,000.

Doscientos · Two hundred

Trescientos · Three hundred

Cuatrocientos · Four hundred

Quinientos · Five hundred

Seiscientos · Six hundred

Setecientos · Seven hundred

Ochocientos · Eight hundred

Novecientos ·Nine hundred

Mil · One thousand

UNIDAD 082

LOS NUMEROS DEL 200 AL 1,000 (EJEMPLOS)

Practiquemos los números del 200 al 1,000 con los siguientes ejemplos:

Doscientos cuarenta
Two hundred and forty

Mil diez
One thousand and ten

Quinientos sesenta
Five hundred and sixty

Mil trescientos
One thousand three hundred

Ochocientos cuarenta y dos
Eight hundred and forty-two

Mil trescientos cincuenta
One thousand three hundred and fifty

Novecientos cincuenta y siete
Nine hundred and fifty-seven

Mil trescientos cincuenta y dos
One thousand three hundred and fifty-two

UNIDAD 083

MARCANDO EL 911

Cuando nos encontramos en una situación de emergencia y deseamos llamar a la policía (the police), a la ambulancia, o a los bomberos (the fire rescue) para solicitar ayuda inmediata, entonces marcamos el número 911. Nos pedirán información sobre el caso y la dirección en donde nos encontramos.

UNIDAD 084

LISTA DE VERBOS (1)

Aprendamos los siguientes verbos:

Conducir To drive	Yo preparo I make	Poner To put
Yo conduzco I drive	Pagar To pay	Yo pongo I put
Conseguir To get	Yo pago I pay	Salir To leave
Yo consigo I get	Esperar To wait	Yo salgo I leave
Ayudar To help	Yo espero I wait	Repetir To repeat
Yo ayudo I help	Enviar To send	Yo repito I repeat
Hacer (preparar) To make	Yo envío I send	

UNIDAD 085

LISTA DE VERBOS (2)

Aprendamos los siguientes verbos:

Cantar
To sing

Beber
To drink

Nosotros decimos
We say

Yo canto
I sing

Nosotros bebemos
We drink

Escribir
To write

Bailar
To dance

Comer
To eat

Ustedes comen
You (plural) eat

Escuchar
To listen

Ustedes escriben
You (plural) write

Yo escucho
I listen

Caminar
To walk

Tú bailas
You dance

Decir
To say

Ellos caminan
They walk

UNIDAD 086

LISTA DE VERBOS (3)

Aprendamos los siguientes verbos:

Dormir
To sleep

Yo duermo
I sleep

Despertar
To wake up

Tú despiertas
You wake up

Comenzar
To start

Nosotros comenzamos
We start

Terminar
To finish

Ustedes terminan
You (plural) finish

Preguntar
To ask

Ellos preguntan
They ask

Responder
To answer

Yo respondo
I answer

Recordar
To remember

Tú recuerdas
You remember

Olvidar
To forget

Nosotros olvidamos
We forget

Amar
To love

Ustedes aman
You (plural) love

UNIDAD 087

EL VERBO TO SPEAK (HABLAR)

Aprendamos el verbo to speak (hablar) con los siguientes ejemplos:

Ellos hablan inglés
They speak English

Nosotros hablamos con el jefe
We speak with the boss

Yo hablo español
I speak Spanish

Cuando speak va después de los pronombres he, she, it, decimos speaks:

Ella habla varios idiomas.
She speaks several languages.

UNIDAD 088

LAS PARTES DE LA CARA

Aprendamos las palabras relacionadas con las partes de la cara:

Cara · Face

Pelo · Hair

Ojo · Eye

Ojos · Eyes

Mejilla · Cheek

Boca · Mouth

Labios · Lips

Mentón · Chin

Oreja · Ear

Orejas · Ears

Nariz · Nose

Diente · Tooth

Dientes · Teeth

UNIDAD 089

EL VERBO TO DO (HACER)

*Aprendamos el verbo **to do** que significa hacer:*

Yo hago / I do

Tú o usted hace / You do

Nosotros hacemos / We do

Ustedes hacen / You do

Ellos o ellas hacen / They do.

Cuando este verbo va después de **he**, **she**, **it**, decimos:

El hace / He does

Ella hace / She does

(Para animales o cosas) Hace. / It does.

UNIDAD 090

EL VERBO HACER (AFIRMATIVO)

*Practiquemos el verbo **to do** (hacer) con algunos ejemplos:*

Yo hago mi tarea
I do my homework

Ella hace los quehaceres
She does the chores

Ellos hacen un proyecto
They do a project

Nos arreglamos el cabello
We do our hair

El hace los ejercicios
He does the exercises

UNIDAD 091 EL VERBO HACER (NEGATIVO)

*Para formar el negativo con el verbo **to do**, agregamos el auxiliar del mismo nombre (do o does) en forma negativa y decimos:*

Do not · Don't

Does not · Doesn't

Luego, colocamos el verbo **to do** con función de verbo principal:

Ustedes no hacen su tarea
You don't do your homework

El no hace su trabajo
He doesn't do his work

Yo no hago nada
I don't do anything

UNIDAD 092 EL VERBO HACER (PREGUNTAS)

Para preguntar con el verbo **to do**, agregamos el auxiliar del mismo nombre (do o does) al inicio de la frase:

Por ejemplo:

¿Haces tu proyecto?
Do you do your project?

¿Hace ella la lavandería?
Does she do the laundry?

¿Hacen ellos las actividades?
Do they do the activities?

¿Haces tu tarea?
Do you do your homework?

UNIDAD 093

ROMPER EL HIELO CON OTRA PERSONA (NUESTROS ERRORES MAS FRECUENTES)

Para conquistar a la persona que te gusta, debes tener en cuenta que los hábitos de los estadounidenses son distintos a los nuestros. Debemos elegir el momento oportuno para entablar el primer contacto. Los americanos son desconfiados y no podemos abordarlos sin presentación alguna. Si te interesa conocer gente, puedes apuntarte a grupos locales de actividades (deportes, música, etc).

UNIDAD 094

EL VERBO AUXILIAR DO / DOES

Los verbos auxiliares en inglés son verbos de apoyo y se colocan al lado de un verbo principal.

Algunos auxiliares también pueden funcionar como verbos principales.Los auxiliares más comunes son **do**, **have** y **will**. Usamos el auxiliar **do** (hacer), en presente, en frases negativas y en preguntas.

Por ejemplo:

Yo no trabajo	¿Trabajas?
I don't work	Do you work?

UNIDAD 095 EL AUXILIAR DO (NEGATIVO)

*El auxiliar **do** se usa para formar frases negativas y preguntas con otros verbos.*

Para formar frases negativas, agregamos **do not** (don't) o **does not** (doesn't) después del pronombre personal:

Yo no recuerdo
I don't remember

Después de los pronombres **he**, **she**, **it**, agregamos **does not** (doesn't) y le quitamos la terminación **-s** o **-es** al verbo principal:

El no va
He doesn't go

UNIDAD 096 EL AUXILIAR DO (PREGUNTAS)

El auxiliar **do** también se usa para hacer preguntas con otros verbos, y se coloca al principio.

¿Miras la televisón?
Do you watch TV?

Cuando **do** va antes de los pronombres **he**, **she**, **it**, decimos **does** y le quitamos la terminación **-s** o **-es** al verbo principal:

¿Conduce él bien?
Does he drive well?

UNIDAD 097 EL VERBO TO HAVE (TENER)

*Aprendamos el verbo **to have** que significa **tener**:*

Yo tengo · I have

Tú tienes o usted tiene
You have

Nosotros tenemos · We have

Ustedes tienen · You have

Ellos o ellas tienen
They have

Cuando **to have** va después de **he, she, it,** decimos:

El tiene · He has

Ella tiene · She has

(Para animales o cosas)
Tiene · It has

UNIDAD 098 EL VERBO TENER (AFIRMATIVO)

*Practiquemos el verbo **to have** (tener) con los siguientes ejemplos:*

Tú tienes un camión
You have a truck

El tiene un resfrío
He has a cold

Nosotros tenemos muchos clientes
We have many clients

Ellas tienen una fiesta
They have a party

Ustedes tienen una cita
You have an appointment

UNIDAD 099 EL VERBO TENER (NEGATIVO)

*Para formar el negativo con el verbo **to have** (tener), usamos el auxiliar **don't** o **doesn't** seguido del verbo:*

Yo no tengo
I don't have

No tenemos mucho tiempo
We don't have much time

El no tiene
He doesn't have

Ella no tiene mascotas
She doesn't have any pets

Ellos no tienen cambio · They don't have change

UNIDAD 100 EL VERBO TENER (PREGUNTAS)

Para preguntar con el verbo **to have**, usamos el auxiliar **do / does** al inicio de la frase:

¿Tienes tú?
Do you have?

¿Tiene ella?
Does she have?

Por ejemplo:

¿Tiene él un auto?
Does he have a car?

¿Tienen ustedes una idea?
Do you have an idea?

¿Tengo una oportunidad?
Do I have a chance?

UNIDAD 101

COGNADOS Y FALSOS COGNADOS

A los cognados y falsos cognados también se les conoce como amigos y falsos amigos. Son cognados aquellas palabras que se escriben de manera similar en dos idiomas y su significado es el mismo o similar. Mientras que los falsos cognados son aquellas palabras cuya escritura es similar o igual en dos idiomas, pero su significado es distinto.

UNIDAD 102

COGNADOS

Aprendamos los siguientes cognados:

Actividad
Activity

Afirmativo
Affirmative

Agresivo
Aggressive

Atención
Attention

Cancelar
Cancel

Computadora
Computer

División
Division

Elefante
Elephant

Elegante
Elegant

Excelente
Excellent

Eficiente
Efficient

Ilusión
Illusion

Inteligente
Intelligent

Ocupado
Occupied

Orden
Order

Radio
Radio

Teléfono
Telephone

Televisión
Television

Unión
Union

Los Angeles Public Library
R.L. Stevenson Branch
11/18/2019 7:10:23 PM

- PATRON RECEIPT -
- CHARGES -

1: Item Number: 37244217042150
Title: Inglel̇ s al minuto : nueva ediciol̇ n.
Due Date: 12/9/2019

To Renew: www.lapl.org or 888-577-5275

Celebrate Native American Heritage Month
lapl.org/native-american

--Please retain this slip as your receipt--

UNIDAD 103

FALSOS COGNADOS

Aprendamos los siguientes falsos cognados:

Actually
Ciertamente, verdaderamente, en realidad, en efecto.

En inglés, actualmente se dice currently, nowadays, at present.

Advise
Aconsejar.

En inglés, avisar se dice warn.

Anxious
Inquieto, nervioso.

En inglés, ansioso se dice eager, uneasy.

Ardent
Ferviente.

En inglés, ardiente se dice burning, raging.

UNIDAD 104

EL VERBO IR (TO GO)

Aprendamos el verbo **to go** (ir) con los siguientes ejemplos:

Yo voy a la farmacia
I go to the drugstore

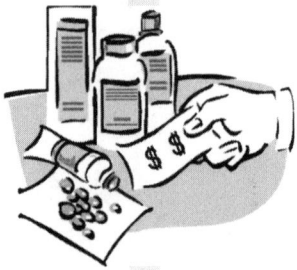

Tú vas al gimnasio
You go to the gym

Nosotros vamos a nuestro apartamento
We go to our apartment

Cuando go va después de los pronombres he, she, it, decimos goes:

Ella va a la oficina
She goes to the office

UNIDAD 105

EL ESTADO CIVIL

Cuando hablamos del estado civil de una persona, decimos:

Soltero
Single

Soltera
Single

Casado
Married

Casada
Married

Divorciado
Divorced

Divorciada
Divorced

Viudo
Widower

Viuda
Widow

UNIDAD 106

LA FAMILIA

Aprendamos las palabras relacionadas con los miembros de la familia:

Padres · **Parents**

Padre · **Father**

Madre · **Mother**

Hijos e hijas
Children

Hijo · **Son**

Hija · **Daughter**

Hermanos y hermanas
Siblings

Hermana
Sister

Abuelos
Grandparents

Abuelo
Grandfather

Abuela
Grandmother

Esposo
Husband

Esposa
Wife

UNIDAD 107

LOS PARIENTES

Aprendamos los nombres de los parientes:

Parientes
Relatives

Tío
Uncle

Tía
Aunt

Primos
Cousins

Primo / Prima
Cousin

Sobrina
Niece

Sobrino
Nephew

Novio
Boyfriend

Novia
Girlfriend

UNIDAD 108

ESTADOS DE ÁNIMO

Aprendamos algunos estados de ánimo:

Alegre · **Happy**

Triste · **Sad**

Nervioso · **Nervous**

Sociable · **Outgoing**

Tímido · **Shy**

Asustado · **Scared**

Horrorizado · **Terrified**

Preocupado · **Worried**

Cansado · **Tired**

Enojado · **Angry**

Aburrido · **Bored**

Cuando te preguntan cómo estás, puedes responder:

Estoy alegre
I'm happy

Michael está triste
Michael is sad

Rachel es tímida
Rachel is shy

UNIDAD 109

EL CLIMA

Aprendamos cómo decir las condiciones climáticas:

Temperatura
Temperature

Grados · **Degrees**

Pronóstico
Forecast

Pronóstico del clima
Weather forecast

Chubascos
Showers

Tornados
Tornadoes

Huracanes
Hurricanes

Tormenta eléctrica
Thunderstorm

Granizo · **Hail**

Lluvia · **Rain**

Nieve · **Snow**

Nube · **Cloud**

Trueno · **Thunder**

Relámpago · **Lightning**

Para saber cómo está el tiempo, preguntas:

What's the weather like?

What's the temperature?

UNIDAD 110

EL CLIMA (FRASES)

Para hablar del clima, se usa el pronombre it:

Hace frío · It's cold

Hace calor · It's warm

Está fresco · It's cool

Hay viento
It's windy

Está nublado
It's cloudy

Está lloviendo · It's raining

Está nevando · It's snowing

Está soleado · It's sunny

Está húmedo · It's humid

Para expresar tu sensación con respecto al clima, dices:

Tengo frío. I'm cold.

Tengo calor. I'm warm.

UNIDAD 111

PREPOSICIONES

Las preposiciones son una parte de la frase que denotan la relación existente entre dos palabras a los que sirve de nexo.

Por ejemplo:

Sobre, debajo, delante, detrás, entre, con, sin, en.

Aprendamos algunas preposiciones en inglés:

Al lado
Next to

El árbol está al lado de la casa
The tree is next to the house

Sobre
Over

La lámpara está sobre la mesa
The lamp is over the table

Debajo
Under

El gato está debajo de la cama
The cat is under the bed

UNIDAD 112

IN, ON, AT

*Las preposiciones **in, on, at** significan **en** en español.*

En (dentro de)	In
En (sobre)	On
En (al lado de)	At

Por ejemplo:

El gato está en (dentro de) la bolsa
The cat is in the bag

El gato está en (sobre) el sofa
The cat is on the couch

El gato está en (al lado de) la puerta
The cat is at the door

La palabra **with** significa **con** y **without** significa **sin**.

UNIDAD 113

WITH, WITHOUT

Estas palabras van seguidas de un sustantivo o un pronombre de objeto:

Conmigo · With me

Sin ti · Without you

Con él · With him

Con ellos · With them

Sin ella · Without her

Practiquemos las siguientes frases:

Voy al cine contigo
I go to the movies with you

Ellos pasean sin auto
They walk around without a car

UNIDAD 114

TOO / ALSO

Para expresar que estás de acuerdo con alguien, dices:

También
Too / Also

También estoy entusiasmada
I'm excited, too
I'm also excited

También podemos usar **so** al inicio de una respuesta, seguido del verbo to be, o un auxiliar, y un pronombre personal:

Yo estoy bien · I'm O.K.

Yo también · So am I

El trabaja duro
He works hard

Yo también · So do I

Ellos trabajaron ayer
They worked yesterday

Yo también
So did I

UNIDAD 115

EITHER, NEITHER

Para expresar desacuerdo, decimos:

Tampoco · **Either**

Yo tampoco estoy nervioso
I'm not nervous, either

También podemos usar **neither** al inicio de una respuesta, seguido del verbo to be, o un auxiliar, y un pronombre personal:

No estoy bien
I'm not O.K

Yo tampoco
Neither am I

Ellos no trabajan
They don't work

Yo tampoco
Neither do I

El no fue
He didn't go

Nosotros tampoco
Neither did we

UNIDAD 116 DESCRIBIENDO A UNA PERSONA

Cuando describimos a alguien, podemos decir:

Su pelo es castaño
Her hair is brown

Tiene el pelo largo y lacio
She has long straight hair

Tiene ojos grandes y verdes
She has big green eyes

Su nariz es pequeña
Her nose is small

UNIDAD 117 CENANDO CON INVITADOS

Cuando llegan a tu casa invitados a cenar, puedes usar las siguientes frases:

Adelante · **Come in**

¿Puedes darme tu abrigo?
Can I take your coat?

Permíteme tu cartera
Let me take your purse

Tomen asiento, por favor
Have a seat, please

¡Sírvete! · **Help yourself**

¡Sírvanse! · **Help yourselves**

¡Buen provecho!
Enjoy your meal!

UNIDAD 118 FALSOS COGNADOS

Aprendamos los siguientes falsos cognados:

Argument
Discusión, debate
En inglés, argumento se dice plot, topic.

Attend
Asistir a, ir a
En inglés, atender se dice pay attention.

Assist
Ayudar, auxiliar
En inglés, asistir se dice attend.

Avocado
Aguacate
En inglés, abogado se dice lawyer.

UNIDAD 119 EL GERUNDIO

El gerundio, en español, es la forma verbal con la terminación **-ando** y **-iendo**.
En inglés, la terminación del gerundio es **-ing**.

Por ejemplo:

Trabajar · To work
Trabajando · Working
Hablar · To speak
Hablando · Speaking
Estudiar · To study
Estudiando · Studying
Leer · To read
Leyendo · Reading

UNIDAD 120

EL PRESENTE CONTÍNUO

Usamos el presente continuo para describir una acción continua en el presente.
Este tiempo verbal se forma con el verbo **to be** en presente (am, is, are), y un verbo con la terminación **-ing**.

Por ejemplo:

Yo camino
I walk

Estoy caminando
I am walking

Tú hablas
You speak

El está hablando
He is speaking

Comemos
We eat

Estamos comiendo
We are eating

UNIDAD 121

EL PRESENTE CONTÍNUO (EJEMPLOS)

Practiquemos las siguientes frases con el tiempo presente continuo:

Ella está conduciendo ahora
She is driving now

Tú estás estudiando inglés ahora
You are studying English now

Ellos están trabajando en estos días
They're working these days

Ellá está estudiando este mes
She's studying this month

El está viajando mucho este año
He's traveling a lot this year

UNIDAD 122

EL VERBO TO EAT (COMER)

Aprendamos el verbo **to eat** (comer) con los siguientes ejemplos:

Yo como en el restaurante
I eat at the restaurant

Nosotros comemos en casa
We eat at home

Ustedes comen carne
You eat meat

Ellos están comiendo frutas
They're eating fruits

El está comiendo pasta
He's eating pasta

UNIDAD 123

EL VERBO TO LISTEN (ESCUCHAR)

El verbo **to listen** (escuchar) siempre va seguido de la preposición **to**. Aprendamos el verbo **to listen** con los siguientes ejemplos:

El escucha música
He listens to the music

Nosotros escuchamos los discos.
We listen to the records

Ustedes escuchan las noticias
You listen to the news

Ella está escuchando el timbre
She's listening to the bell

Ellos están escuchando la radio
They're listening to the radio

UNIDAD 124

LIKE, DISLIKE

Para expresar que algo te gusta o no, dices:

Me gusta · I like

No me gusta · I don't like

Por ejemplo:

Me gusta ese abrigo
I like that coat

No me gustan esos pantalones
I don't like those pants

Me gusta esa blusa
I like that blouse

No me gustan esos zapatos
I don't like those shoes

UNIDAD 125

COMPRANDO ROPA

Cuando compras ropa en una tienda, puedes usar las siguientes frases:

Sólo estoy mirando
I'm just looking

Para comprar algo, dices:

Estoy buscando
I'm looking for

Estoy buscando una chaqueta
I'm looking for a jacket

Necesito · I need.

Necesito una camisa
I need a shirt

Para llevar algo, dices:

Lo llevo · I'll take it

Para pagar, preguntas:

¿Cuánto es?
How much is it?

UNIDAD 126

CONVERSACIONES TELEFÓNICAS

Cuando hablas por teléfono, dices:

¿Puedo hablar con...?
May I speak with...?

¿De parte de quién?
May I ask who's calling?

Un momento, por favor.
One moment, please.

Le comunico.
I'll put you through.

Si la persona no está, dices:

No está disponible.
He / She is not available.

Para dejar mensaje, dices:

¿Puedo dejar un mensaje?
May I leave a message?

UNIDAD 127

VERBOS MODALES

Los verbos modales son aquellos que usamos en expresiones de cortesía o cuando queremos pedir algo.

Por ejemplo:

Poder.
Can / May / Might.

Querer · Want.

Deber · Must.

Tener que
Have to

Podría · Could.

Debería · Should.

Desearía
Would like

Estos verbos se pueden usar con otro verbo:

¿Puedo responder?
May I answer?

Tengo que salir.
I have to leave.

UNIDAD 128

CAN

Para describir una habilidad, usamos el verbo **can** que significa **poder**:

Yo puedo · **I can**

No puedo.
I cannot · I can't

¿Puedes? · **Can you?**

Practiquemos las siguientes frases:

Yo puedo ayudarte.
I can help you.

Tú puedes hablar español.
You can speak Spanish.

Ella no puede manejar.
She can't drive.

¿Podemos limpiar?
Can we clean?

UNIDAD 129 COULD

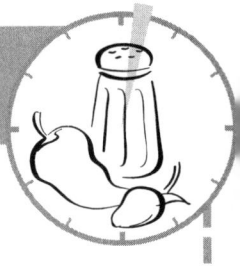

*Aprendamos el verbo modal **could** que significa **podía** o **podría**:*

Yo podría · I could

No podría
I could not · I couldn't

¿Podrías? · Could you

Por ejemplo:

Ella podría ir allí.
She could go there.

¿Podrías pasarme la sal?
Could you pass me the salt?

Ustedes no podrían venir.
You couldn't come.

UNIDAD 130 HAVE TO

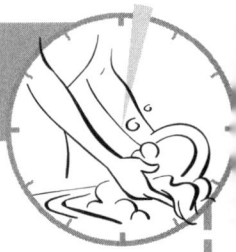

*Usamos **have to** que significa **tener que** para expresar necesidad u obligación:*

Tengo que · I have to

Por ejemplo:

Tengo que limpiar la cocina.
I have to clean the kitchen.

No tienes que limpiar el baño.
You don't have to clean the bathroom.

Greg no tiene que lavar los platos.
Greg doesn't have to wash the dishes.

UNIDAD 131

WOULD

Para pedir algo de manera formal, usamos el verbo modal **would** seguido de un verbo principal

La forma negativa es: **Would not. Wouldn't.**

Practiquemos con los siguientes ejemplos:

¿Cerrarías la puerta, por favor?
Would you please close the door?

¿Encenderías las luces?
Would you turn on the lights?

Yo no regresaría · I wouldn't come back.

UNIDAD 132 SHOULD

*Usamos el verbo modal **should** que significa **debería** para dar y pedir recomendaciones, seguido de un verbo principal.*

La forma negativa es:

Should not. Shouldn't.

Practiquemos con los siguientes ejemplos:

Deberías hacerlo.
You should do it.

Ellos no deberían conducir.
They shouldn't drive.

Deberíamos ser pacientes.
We should be patient.

¿Qué debería hacer (yo)?
What should I do?

UNIDAD 133 WANT, WOULD LIKE

***Want** significa **querer** y se usa para pedir algo de una manera más informal o imperativa.*

Por ejemplo:

Quiero conducir.
I want to drive.

Would like significa **quisiera** y se usa para pedir algo formalmente.

La forma negativa es:
Would not like.
Wouldn't like.

Por ejemplo:
Quisiera un café.
I would like a coffee.

UNIDAD 134

MAY, MIGHT

*Los verbos modales **may** y **might** también se usan para hablar de posibilidad. Por ejemplo:*

Es posible que yo vaya al cine.
I may go to the movies.

¿Puedo pasar?
May I come in?

Puede que llueva más tarde.
It might rain later.

Es posible que comamos en el restaurante.
We might eat at the restaurant.

UNIDAD 135

MUST

*Usamos **must** que significa **deber** para expresar obligación:*

Yo debo.
I must.

Tú no debes.
You mustn't.

Por ejemplo:

Los conductores deben tener una licencia.
Drivers must have a license.

Debes usar el cinturón de seguridad.
You must wear a seat belt.

Debemos poner la señal de giro antes de doblar.
We must put the flashing light before making a turn.

UNIDAD 136

UN ENCUENTRO CON UN POLICÍA (DIÁLOGO)

MAN: Good afternoon. May I have your driver license and car registration, please?

WOMAN: Excuse me, could you repeat, please?

MAN: I need your driving documents, please.

WOMAN: Oh, yes. One moment, please. Here you are.

MAN: I see that your car insurance is expired.

WOMAN: But, I renew it two days ago. Can I call my insurance carrier?

MAN: Go ahead.

UNIDAD 137

LA TARJETA DE SEGURO SOCIAL

La tarjeta del seguro social (Social Security) es tal vez el más importante documento que deben obtener los habitantes de este país.

La tarjeta incluye el número del Seguro Social del titular.

Este número identificará a los estadounidenses para todo.

No hay que dar este número de Seguridad Social a nadie, sólo cuando lo exijan las oficinas públicas y bancarias, o en trámites oficiales.

UNIDAD 138

FRASES VERBALES

*En inglés, muchos verbos se unen con palabras como **in**, **on**, **up**, **off**, y forman frases verbales.*

Por ejemplo:

Despertarse. Wake up.

Encender. Turn on.

Apagar. Turn off.

Levantarse. Get up.

Ponerse. Put on.

Subir. Get in.

Sacarse. Take off.

Sentarse. Sit down.

Regresar. Go back.

UNIDAD 139

FRASES VERBALES (EJEMPLOS)

Practiquemos las frases verbales con algunos ejemplos:

Sarah se despertó a las 7.
Sarah woke up at 7.

Ella encendió las luces.
She turned on the lights.

Ella se levantó.
She got up.

Después del desayuno, ella se puso su abrigo.
After breakfast, she put on her coat.

UNIDAD 140

FRASES VERBALES GET IN, GET BACK

*Estudiemos el uso del verbo **get** con algunas preposiciones:*

Comprar, conseguir, llegar
Get

Regresar
Get back

Regresamos al hotel a las 11 p.m.
We got back to the hotel at 11 p.m.

Entrar / subir a un vehículo.
Get in.

¡Entra al auto! ¡Está lloviendo!
Get in the car! It's raining!

UNIDAD 141

FRASES VERBALES GET OUT, GET UP

*Estudiemos el uso del verbo **get** con algunas preposiciones:*

Comprar / Conseguir / Llegar · **Get.**
Salir/bajar de un vehículo · **Get out of.**
Levantarse de la cama · **Get up.**

Se bajó del automóvil y comenzó a correr.
He got out of the car and started running.

Generalmente me levanto a las 7.30.
I usually get up at 7:30.

UNIDAD 142

FRASES VERBALES GO BACK, GO OUT, GO ON

*Estudiemos el verbo **to go** con algunas preposiciones:*

Ir · Go

Salir · Go out

¿Te gustaría salir a cenar?

Would you like to go out for dinner?

Regresar. Go back.

Regresó a su antigua escuela.

He went back to his old school.

Continuar, suceder. Go on.

No pudimos seguir hablando.

We couldn't go on talking.

¿Qué sucede aquí?

What's going on here?

UNIDAD 143

EL FUTURO Y EL FUTURO PRÓXIMO

En inglés, existen dos maneras de hablar en tiempo futuro.

Cuando hablamos de un futuro cercano, usamos el tiempo futuro próximo que se forma con el verbo **to go** en presente continuo:

Voy a.
I'm going to.

y otro verbo en infinitivo:

Estudiar.
To study.

Voy a estudiar.
I'm going to study.

Cuando hablamos de un futuro indefinido, usamos el tiempo futuro o futuro simple que se forma usando el auxiliar **will**, seguido de un verbo principal:

Estudiaré.
I will study.

UNIDAD 144

EL FUTURO PRÓXIMO (AFIRMATIVO)

*Aprendamos el futuro con **going to** y un verbo en infinitivo:*

Voy a.
I am going to.
I'm going to.

Practiquemos con las siguientes frases:

Voy a trabajar mañana.
I'm going to work tomorrow.

Vas a comer más tarde.
You're going to eat later.

(El) va a venir el próximo mes.
He's going to come next month.

UNIDAD 145

EL FUTURO PRÓXIMO (NEGATIVO)

*Aprendamos la forma negativa del futuro con **going to** y un verbo en infinitivo:*

No voy a
I'm not going to.

Por ejemplo:

No voy a estudiar el sábado.
I'm not going to study on Saturday.

No vamos a viajar el próximo año.
We're not going to travel next year.

(El) no va a escribir la próxima semana.
He's not going to write next week.

UNIDAD 146

EL FUTURO PRÓXIMO (PREGUNTAS)

*Aprendamos a hacer preguntas en futuro, usando **going to** y un verbo en infinitivo:*

¿Vas a?
Are you going to?

Por ejemplo:

¿Vas a estudiar el fin de semana?
Are you going to study on the weekend?

¿Van ellos a conducir el martes?
Are they going to drive on Tuesday?

¿Vamos a cocinar esta noche?
Are we going to cook tonight?

UNIDAD 147

EL FUTURO SIMPLE (AFIRMATIVO)

*Para hablar en futuro o futuro simple, usas el auxiliar **will** y un verbo principal:*

I will. I'll.

You will. You'll.

Por ejemplo:

Yo iré a dormir temprano.
I will go to bed early.

Él estudiará medicina.
He will study medicine

Viajaremos a Nueva York.
We will travel to New York.

UNIDAD 148 EL FUTURO (NEGATIVO)

*Para hacer negaciones en futuro, usando el auxiliar **will**, decimos:*

	Por ejemplo:
I will not. **I won't.**	Yo no iré a dormir temprano. I won't go to bed early.
You will not. **You won't.**	Él no estudiará medicina. He won't study medicine. No viajaremos a Nueva York. We won't travel to New York.

UNIDAD 149 EL FUTURO (PREGUNTAS)

*Para hacer preguntas en futuro, usando el auxiliar **will**, lo colocamos al inicio de la frase y decimos:*

	Por ejemplo:
Will I?	¿Irás a dormir temprano? Will you go to bed early?
Will you?	¿Estudiará él medicina? Will he study medicine?
Will he?	¿Viajaremos a Nueva York? Will we travel to New York?

UNIDAD 150

RESPUESTAS CORTAS CON EL FUTURO

Aprendamos a responder de una manera más rápida en futuro:

¿Irás a México pronto?
Will you go to Mexico soon?
Sí, lo haré. Yes, I will

¿Se mudarán ustedes?
Will you move?
Sí, lo haremos.
Yes, we will.

¿Le pedirás que venga?
Will you ask her to come?
No, no lo haré.
No, I won't.

¿Terminarás temprano?
Will you finish early?
No, no lo haré.
No, I won't.

UNIDAD 151

FALSOS COGNADOS

Aprendamos los siguientes falsos cognados:

Card. Tarjeta.
En inglés, carta se dice letter.

Collar. Cuello (de camisa).
En inglés, collar se dice necklace.

Carpet. Alfombra.
En inglés, carpeta se dice folder, file.

Constipated. Estreñido.
En inglés, constipado se dice a cold.

UNIDAD 152

EL VERBO TO READ (LEER)

*Aprendamos el verbo **to read** (leer) con los siguientes ejemplos:*

Ustedes leen el periódico.
You read the newspaper.

Ellos están leyendo la carta.
They're reading the letter.

Ustedes están leyendo el aviso.
You (plural) are reading the notice.

El va a leer las instrucciones.
He's going to read the instructions.

Tú vas a leer el libro.
You're going to read the book.

Yo leeré las notas.
I will (I'll) read the notes.

UNIDAD 153

EL VERBO TO ANSWER (RESPONDER)

*Aprendamos el verbo **to answer** (responder) con los siguientes ejemplos:*

Tú no respondes en clase.
You don't answer in class.

El va a responder a la niñera.
He's going to answer the nanny.

Nosotros te respondemos.
We answer you.

Yo voy a responder la carta.
I'm going to answer the letter.

Ellas están respondiendo bien.
They're answering well.

Ellos responderán pronto.
They will (They'll) answer soon.

UNIDAD 154

EL VERBO TO ASK (PREGUNTAR)

*Aprendamos el verbo **to ask** (preguntar) con los siguientes ejemplos:*

Yo pregunto al profesor.
I ask the teacher.

El preguntará todo.
He will (he'll) ask everything.

El pregunta a su abuelo.
He asks his grandfather.

Ellos preguntarán eso.
They will (they'll) ask that.

Nosotros vamos a preguntar a la operadora.
We're going to ask the operator.

UNIDAD 155

EL VERBO TO WRITE (ESCRIBIR)

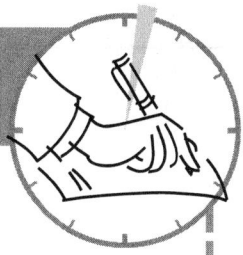

*Aprendamos el verbo **to write** (escribir) con los siguientes ejemplos:*

Tú escribes una carta.
You write a letter.

Ellos están escribiendo una palabra.
They're writing a word.

Nosotros vamos a escribir ahora.
We're going to write now.

Ella escribe en el papel.
She writes on the paper.

Yo escribiré frases.
I will (I'll) write some phrases.

UNIDAD 156

LAS PROFESIONES Y LOS PUESTOS DE TRABAJO

Aprendamos las palabras relacionadas con las profesiones y los puestos de trabajo:

Abogado · **Lawyer**

Doctor · **Doctor**

Profesor · **Teacher**

Ingeniero · **Engineer**

Arquitecto · **Architect**

Contador · **Accountant**

Técnico · **Technician**

Costurera · **Seamstress**

Sastre · **Taylor**

Jefe · **Boss**

Cajero · **Cashier**

Recepcionista

Receptionist

Gerente · **Manager**

Camarero · **Waiter**

Mucama · **Maid**

Cocinero · **Cook**

Vendedor · **Salesman**

UNIDAD 157

LAS PARTES DEL CUERPO

Aprendamos las partes del cuerpo.

Cabeza · **Head**

Cuello · **Neck**

Hombro · **Shoulder**

Espalda · **Back**

Brazo · **Arm**

Antebrazo · **Forearm**

Codo · **Elbow**

Muñeca · **Wrist**

Mano · **Hand**

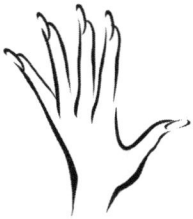

Dedo · **Finger**

Cintura · **Waist**

Cadera · **Hip**

Pierna · **Leg**

Rodilla · **Knee**

Tobillo · **Ankle**

Pie · **Foot**

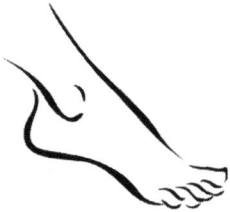

Pies · **Feet**

Dedos del pie · **Toes**

UNIDAD 158

LA CORTESÍA (NUESTROS ERRORES MAS FRECUENTES)

Para algunos extranjeros, es normal saludar en todos los lugares.

En Estados Unidos las personas no están acostumbradas a saludar en los lugares públicos, como por ejemplo en las oficinas médicas o en los elevadores. En una ciudad grande, donde todos van acelerados, es posible que nadie te salude. Pero no lo puedes tomar a mal. ¡Hay que aceptarlo así!

UNIDAD 159

HABRÁ / HABRÁN

Habrá o **habrán** se dice en inglés:

There will be.

Por ejemplo:

Habrá una fiesta mañana.
There will be a party tomorrow.

Habrá bastante gente el viernes.
There will be a lot of people on Friday.

Habrán muchos juguetes en la tienda.
There will be many toys in the store.

UNIDAD 160

NO HABRÁ / NO HABRÁN

Cuando quieres usar la frase **no habrá** o **no habrán** en inglés, dirás: **There will not be** que al contraerse se dirá: **There won't be.**

Por ejemplo:

No habrá ningún juguete en la tienda.
There won't be any toys in the store.

No habrán dulces en el cajón.
There won't be any candies in the drawer.

No habrán libros · There won't be any books.

UNIDAD 161

¿HABRÁ?

*Para preguntar usando **habrá** o **habrán**, colocamos el auxiliar **will** al inicio de la frase y decimos:*

¿Habrá? / ¿Habrán? · Will there be?

¿Habrá bastante gente?
Will there be a lot of people?

¿Habrán invitados en la casa?
Will there be guests in the house?

¿Habrán sodas? · Will there be sodas?

UNIDAD 162

LOS MUEBLES

Aprendamos las palabras relacionadas con los muebles:

Mesa · **Table**

Silla · **Chair**

Sofá · **Couch**

Lámpara · **Lamp**

Cómoda · **Dresser**

Tocador · **Vanity**

Estante para el televisor
TV stand

Cama · **Bed**

Espejo · **Mirror**

Cuadro · **Picture**

Mueble de pared
Wall unit

Escritorio · **Desk**

Estante · **Shelf**

UNIDAD 163

EL IMPERATIVO

Usamos el imperativo para dar una orden o pedir algo.

Para formar el imperativo, no mencionamos al sujeto. Por ejemplo:

¡Abre la ventana!

Open the window!

¡Cierren la puerta!

Close the door!

¡Prepara la comida!

Prepare the meal!

¡Lava la ropa!

Wash the clothes!

¡Cocina la carne!

Cook the meat!

¡Ayudénme!

Help me!

UNIDAD 164 EL IMPERATIVO LET'S

Let's es una forma imperativa que incluye al hablante. Se coloca antes del verbo.

Por ejemplo:

Vayamos. Let's go.

Hagamos el trabajo.
Let's do the job.

Cocinemos. Let's cook.

Vayamos al cine.
Let's go to the movies.

Estudiemos inglés.
Let's study English.

Miremos la tele.
Let's watch TV.

UNIDAD 165 VERBOS (PASADO)

En el tiempo pasado simple, existen dos clases verbales, los verbos regulares y los irregulares.

Verbos regulares son aquellos a los que agregamos una **d** o **ed** al final, para formar el pasado. Verbos irregulares son aquellos que cambian su forma verbal cuando se usan en tiempo pasado. En inglés, a diferencia del español, los pronombres personales no afectan la terminación verbal.

UNIDAD 166 SER / ESTAR (PASADO)

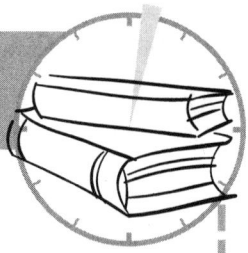

*Aprendamos el verbo **to be** (ser/estar) en pasado:*

Yo fui o estuve · I was.

Tú fuíste o estuviste / Usted estuvo · You were.

El / ella fue o estuvo · He was.

(Para animales o cosas) Fue o estuvo · It was.

Nosotros fuimos o estuvimos · We were.

Ustedes fueron o estuvieron · You were.

Ellos / Ellas fueron o estuvieron · They were.

UNIDAD 167 SER / ESTAR - PASADO (AFIRMATIVO)

*Practiquemos los siguientes ejemplos, usando el verbo **to be** (ser / estar) en pasado:*

El viaje fue corto.
The trip was short.

Ellos fueron muy amables.
They were very kind.

Ellos estuvieron contentos.
They were happy.

La puerta estuvo cerrada.
The door was closed.

Ayer estuve enfermo.
I was sick yesterday.

UNIDAD 168

SER / ESTAR - PASADO (NEGATIVO)

*El negativo del verbo **to be** (ser/estar) en pasado se forma agregando **not** después del verbo:*

I was not · **I wasn't**

You were not · **You weren't**

Por ejemplo:

El no fue contador.
He wasn't an accountant.

El viaje no fue largo.
The trip wasn't long.

Ella no estuvo en su casa.
She wasn't at home.

No estuvieron contentos.
They weren't happy.

UNIDAD 169

SER / ESTAR - PASADO (PREGUNTAS)

*Para preguntar con el verbo **to be** (ser/estar) en pasado, colocas **was** o **were** al principio de la frase:*

Practiquemos las siguientes frases:

¿Fueron ellos inteligentes? · **Were they smart?**

¿Fue largo el viaje? · **Was the trip long?**

¿Estuvo ella tarde? · **Was she late?**

¿Estuvieron contentos? · **Were you happy?**

UNIDAD 170

RESPUESTAS CORTAS CON EL VERBO SER / ESTAR (PASADO)

Aprendamos a responder de manera más rápida, usando respuestas cortas con el verbo **to be** (ser / estar) en pasado. Por ejemplo:

¿Fue interesante la película?
Was the movie interesting?

Sí, lo fue.
Yes, it was.

¿Estuvieron ellos en casa?
Were they at home?

No, no estuvieron.
No, they weren't.

¿Estaba él allí?
Was he there?

Sí, lo estaba.
Yes, he was.

UNIDAD 171 VERBOS REGULARES (PASADO)

Los verbos regulares del pasado son aquellos a los que agregamos una ***-d*** *o* ***-ed*** *al final.*

Por ejemplo:

Yo ayudo.
I help.

Yo ayudé.
I helped.

Tú trabajas.
You work.

Tú trabajaste.
You worked.

A algunos, tales como **to pay**, **to say** y **to study**, se les cambia la **y** final por una **i**, antes de agregar la **d** o **ed** final. Por ejemplo:

Yo pago · I pay

Yo pagué · I paid

UNIDAD 172

VERBOS REGULARES - PASADO (EJEMPLOS)

Practiquemos los verbos regulares con algunos ejemplos:

Ella lo amó antes.

She loved him before.

Nosotros mostrábamos casas el año pasado.

We showed houses last year.

Tú recordaste todo ayer.

You remembered everything yesterday.

Yo terminé de trabajar.

I finished working.

Ellos vivieron muchos años.

They lived many years.

UNIDAD 173 DANDO INSTRUCCIONES PARA LLEGAR A UN LUGAR

Cuando das instrucciones para llegar a un lugar, dices:

Derecho.
Straight ahead.

Vaya derecho.
Go straight ahead.

Izquierda · **Left**

Derecha · **Right**

Haga una derecha.
Make a right.

En la esquina.
On the corner.

Al final.
At the end.

A la derecha.
To the right.

Tome la salida.
Take the exit.

UNIDAD 174 DANDO INSTRUCCIONES (EJEMPLOS)

Para preguntar cómo llegar a un lugar, dices:

¿Cómo puedo llegar a... ?
How do I get to... ?

¿Cómo puedo llegar al hotel?
How do I get to the hotel?

Puedes responder diciendo:

Mi casa está a la izquierda.
My house is on the left.

El parque está a la derecha.
The park is on the right.

Tome la salida catorce.
Take exit fourteen.

UNIDAD 175

EL VERBO TO LOOK (MIRAR)

*El verbo **to look**, con el significado mirar, siempre va seguido de la preposición **at**.*

Aprendamos el verbo **to look** con los siguientes ejemplos:

Ella mira las fotos.
She looks at the photos.

Ellos están mirando el mar.
They're looking at the ocean.

Nosotros vamos a mirar el cuadro.
We're going to look at the picture.

El mirará a su perro.
He'll look at his dog.

Yo miré a mi amigo.
I looked at my friend.

UNIDAD 176

EL VERBO TO STUDY (ESTUDIAR)

*Aprendamos el verbo **to study** (estudiar) con los siguientes ejemplos:*

El estudia inglés.
He studies English.

Nosotros estamos estudiando la lección.
We're studying the lesson.

Yo voy a estudiar para el examen.
I'm going to study for the test.

Ella estudiará eso.
She'll study that.

Ellos estudiaron ayer.
They studied yesterday.

UNIDAD 177

VERBOS IRREGULARES - SONIDO OU (PASADO)

Los verbos irregulares son aquellos cuya forma no cambia, o cambia parcial o totalmente en el pasado.

Aprendamos los verbos irregulares que en pasado tienen el sonido **ou**:

Yo hablo.

I speak.

Yo hablé.

I spoke.

Ella compra.

She buys.

Ella compró.

She bought.

Tú conduces.

You drive.

Tú conduciste.

You drove.

Nosotros rompemos.

We break.

Nosotros rompimos.

We broke.

Ellos se levantan.

They wake up.

Ellos se levantaron.

They woke up.

UNIDAD 178

VERBOS IRREGULARES QUE CAMBIAN UNA LETRA (PASADO)

Los verbos irregulares son aquellos cuya forma no cambia, o cambia parcial o totalmente en el pasado.

Aprendamos los verbos irregulares que en pasado cambian o se les agrega una letra:

Yo aprendo.

I learn.

Yo aprendí.

I learned.

El da.

He gives.

El dio.

He gave.

Tú vienes.

You come.

Tú viniste.

You came.

Nosotros sabemos.

We know.

Nosotros supimos.

We knew.

Ellos hacen.

They make.

Ellos hicieron.

They made.

UNIDAD 179

VERBOS IRREGULARES QUE NO CAMBIAN (PASADO)

Los verbos irregulares son aquellos cuya forma no cambia, o cambia parcial o totalmente en el pasado.

Aprendamos los verbos irregulares que en pasado no cambian:

Yo corto / corté.
I cut.

Tú lastimas / lastimaste.
You hurt.

Nosotros dejamos / dejamos.
We let.

El verbo **to read** (leer) tampoco cambia, pero se pronuncia diferente en pasado:

Yo leo. I read.
Yo leí. I read.

UNIDAD 180

VERBOS IRREGULARES - PASADO (EJEMPLOS)

Practiquemos los siguientes verbos irregulares en pasado:

Encontraste las llaves.

You found the keys.

Ustedes hablaron mucho.

You spoke a lot.

Ella rompió el plato.

She broke the dish.

Ella vino a la fiesta.

She came to the party.

Ella hizo una torta.

She made a cake.

Ella los dejó pasar.

She let them in.

Nosotros leímos.

We read.

UNIDAD 181

HABLANDO DEL TRABAJO

Para hacer preguntas sobre el trabajo, dices:

¿Qué haces?
What do you do?

¿Cuál es tu trabajo?
What's your job?

Para responder, dices:

Soy enfermera.
I'm a nurse.

Soy maestro.
I'm a teacher.

Trabajo como cocinero.
I work as a cook.

Trabajo en Pizza Party.
I work for Pizza Party.

Trabajo en Big Apple.
I work for Big Apple.

UNIDAD 182

LOS ALIMENTOS

Aprendamos las palabras relacionadas con los alimentos:

Verduras. **Vegetables.**

Lechuga. **Lettuce.**

Tomate. **Tomato.**

Cebolla. **Onion.**

Zanahoria. **Carrot.**

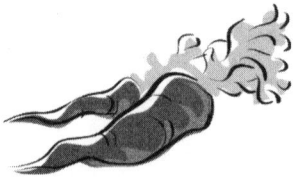

Aguacate. **Avocado.**

Pimiento. **Pepper.**

Papa. **Potato.**

Frejoles. **Beans.**

Carne. **Meat.**

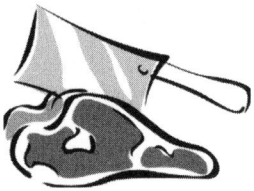

Pollo. **Chicken.**

Cerdo. **Pork.**

Pescado. **Fish.**

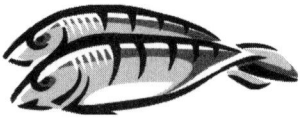

Mariscos. **Seafood.**

Fruta. **Fruits.**

Manzana. **Apple.**

Banana. **Banana.**

Uvas. **Grapes.**

Fresa. **Strawberry.**

Cereza. **Cherry.**

Piña. **Pineapple.**

UNIDAD 183

ORDENANDO EN EL RESTAURANTE

Cuando tienes hambre o sed, dices:

Tengo hambre.
I'm hungry.

Tengo sed.
I'm thirsty.

El camarero puede preguntar:

¿Puedo ayudarle?
May I help you?

¿Qué van a pedir?
What would you like to order?

Para pedir, dices:

Pediré una ensalada.
I'll have a salad.

Quisiera un pollo asado.
I'd like a grilled chicken.

Probaré un pastel.
I'll try a piece of cake.

UNIDAD 184

LOS NÚMEROS DEL 2,000 AL 19,000

Aprendamos los números del 2,000 al 19,000.

Dos mil.
Two thousand.

Tres mil.
Three thousand.

Cuatro mil.
Four thousand.

Cinco mil.
Five thousand.

Seis mil.
Six thousand.

Siete mil.
Seven thousand.

Ocho mil.
Eight thousand.

Nueve mil.
Nine thousand.

Diez mil.
Ten thousand.

Practiquemos los siguientes números:

Once mil.
Eleven thousand.

Doce mil.
Twelve thousand.

Diecinueve mil.
Nineteen thousand.

UNIDAD 185

LOS NÚMEROS DEL 20,000 AL 100,000

Aprendamos ahora los números del 20,000 al 100,000:

Veinte mil.
Twenty thousand.

Treinta mil.
Thirty thousand.

Cuarenta mil.
Forty thousand.

Cincuenta mil.
Fifty thousand

Sesenta mil.
Sixty thousand.

Setenta mil.
Seventy thousand.

Ochenta mil.
Eighty thousand.

Noventa mil.
Ninety thousand.

Cien mil.
One hundred thousand.

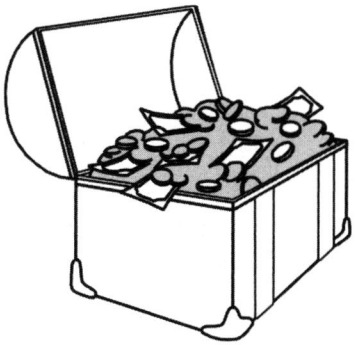

UNIDAD 186

LOS NÚMEROS DEL 200,000 A MIL MILLONES

Aprendamos ahora los números del 200,000 a mil millones.

Doscientos mil.
Two hundred thousand.

Trescientos mil.
Three hundred thousand.

Cuatrocientos mil.
Four hundred thousand.

Quinientos mil.
Five hundred thousand.

Seiscientos mil.
Six hundred thousand.

Setecientos mil.
Seven hundred thousand.

Ochocientos mil.
Eight hundred thousand.

Novecientos mil.
Nine hundred thousand.

Un millón. One million.

Mil millones. One billion.

UNIDAD 187 EL AUXILIAR DID (NEGATIVO)

*Para formar el negativo en el pasado, usamos el auxiliar **did**, seguido de **not** (did not / didn't), seguido de un verbo principal en presente.*

Por ejemplo:

Yo no fui.
I didn't go.

Yo no compré.
I didn't buy.

Él no se fue.
He didn't leave.

Ellos no miraron.
They didn't watch.

Yo no la invité.
I didn't invite her.

UNIDAD 188 EL AUXILIAR DID (PREGUNTAS)

*Para preguntar en pasado, colocas el auxiliar **did** al inicio de la frase, seguido de un verbo principal en presente:*

¿Compraste aquellos zapatos?
Did you buy those shoes?

¿Se fue él?
Did he leave?

¿Miraron ellos televisión?
Did they watch TV?

¿La invitaste?
Did you invite her?

¿Fuiste a la tienda?
Did you go to the store?

UNIDAD 189

EL VERBO TO WAIT (ESPERAR)

*El verbo **to wait** (esperar) va siempre seguido de la preposición **for**.*

Aprendamos el verbo **to wait** con los siguientes ejemplos:

Yo espero el autobús.
I wait for the bus.

El está esperando a John.
He's waiting for John.

Nosotros vamos a esperar al jefe.
We're goingt to wait for the boss.

Ella esperó el tren.
She waited for the train.

UNIDAD 190

EL VERBO TO TAKE (TOMAR, LLEVAR)

*Aprendamos el verbo **to take** (tomar, llevar), con los siguientes ejemplos:*

Yo estoy tomando el metro ahora.
I'm taking the subway now.

Ustedes van a tomar el bolígrafo.
You're going to take the pen.

Ellos llevarán a su tía.
They'll take their aunt.

El tomó el exámen.
He took the test.

Ellas tomaron el taxi.
They took the cab.

UNIDAD 191 EL VERBO TO HELP (AYUDAR)

*Aprendamos el verbo **to help** (ayudar) con los siguientes ejemplos:*

Ella ayuda a su hermana.
She helps her sister.

Ustedes están ayudando a su hijo.
You're helping your son.

Nosotros vamos a ayudarlos.
We're going to help them.

El ayudará a su amigo.
He'll help his friend.

Yo ayudé a Martha. / **I helped Martha.**

UNIDAD 192 EL VERBO TO BUY (COMPRAR)

*Aprendamos el verbo **to buy** (comprar) con los siguientes ejemplos:*

Yo compro una botella de vino.
I buy a bottle of wine.

Ustedes van a comprar un auto moderno.
You're going to buy a modern car.

Tú comprarás comida.
You'll buy some food.

Ella compró un vestido.
She bought a dress.

Ellos compraron unos boletos.
They bought some tickets.

UNIDAD 193

ADVERBIOS

El adverbio es la palabra que describe la acción del verbo. Es un complemento del verbo.

Los adverbios generalmente se colocan después del verbo.

Mañana.
Tomorrow.

Viajo mañana.
I'm traveling tomorrow.

Hoy.
Today.

Estudio hoy.
I study today.

Bien.
Well.

Tú estás bien.
You're doing well.

A veces.
Sometimes.

A veces vamos al cine.
We sometimes go to the movies.

UNIDAD 194

ADVERBIOS TERMINADOS EN -LY

*La terminación -**ly** de algunos adverbios es igual a la terminación -**mente** en español.*

Aprendamos algunos adverbios con la terminación -**ly**:

- Cuidadosamente · **Carefully**
- Exactamente · **Exactly**
- Finalmente · **Finally**
- Lentamente · **Slowly**
- Perfectamente · **Perfectly**
- Rápidamente · **Quickly**

Por ejemplo:

Finalmente iré al doctor.
I will finally go to the doctor.

Yo conduzco cuidadosamente.
I drive carefully.

Ellos hacen su trabajo perfectamente.
They do their job perfectly.

UNIDAD 195

ADVERBIOS DE LUGAR

Los adverbios de lugar indican el lugar donde se realiza una acción verbal.

Aprendamos algunos adverbios que indican lugar:

- Cerca · Near / Nearby
- Lejos · Far
- Aquí / Acá · Here
- Allí / Allá · There

Por ejemplo:

La tienda está cerca.
The store is nearby.

La playa está lejos de aquí.
The beach is far from here.

Pedro está aquí.
Peter is here.

Marilú está allá.
Marilú is there.

UNIDAD 196

ADVERBIOS DE TIEMPO

Los adverbios de tiempo indican el tiempo en el cual se realiza una acción verbal.

Aprendamos algunos adverbios que indican tiempo:

Ayer · Yesterday

Hoy · Today

Ahora · Now

Mañana · Tomorrow

Por ejemplo:

Ayer fui al correo.
I went to the post office yesterday.

El estuvo aquí hace dos meses.
He was here two months ago.

Regresaré la próxima semana.
I'll be back next week.

UNIDAD 197

ADVERBIOS DE FRECUENCIA

Los adverbios de frecuencia indican la frecuencia con la que se realiza una acción verbal.

Aprendamos algunos adverbios de frecuencia:

Siempre.
Always.

A menudo.
Often.

Usualmente.
Usually.

A veces.
Sometimes.

De vez en cuando.
Seldom.

Nunca.
Never.

Practiquemos con algunos ejemplos:

Jeanny siempre va a la piscina.
Jeanny always goes to the pool.

Nosotros vamos a la playa a menudo.
We often go to the beach.

UNIDAD 198

SOLÍA...

*Usamos **I used to**, que significa **solía** cuando hablamos sobre hábitos que teníamos en el pasado. Generalmente, comenzamos diciendo cuando:*

Cuando tenía 22 años, solía andar en moto.	When I was 22, I used to ride a motorcycle.
Cuando estaba casado, solía visitar a mis suegros.	When I was married, I used to visit my parents in-law.

UNIDAD 199

SOLÍA...(AFIRMATIVO)

*Practiquemos **I used to**... (solía) con los siguientes ejemplos:*

Cuando estaba casado, solía visitar a mis suegros.	When I was married, I used to visit my parents in-law.
Cuando dormía, solía soñar con ella.	When I slept, I used to dream of her.

UNIDAD 200

SOLÍA... (NEGATIVO Y PREGUNTAS)

*Para hacer preguntas y negaciones con **I used to**, usamos el auxiliar **did** y un verbo en infinitivo.*

Por ejemplo:

¿Solías andar en moto?
Did you use to ride your motorcycle?

Yo no solía pasear a mi perro.
I didn't use to walk my dog.

UNIDAD 201

HUBO

*Aprendamos el uso de la frase **there was** / **there were** que significa **hubo**:*

Decimos **there was** cuando nos referimos a una sola cosa:

Hubo mucho tránsito.
There was a lot of traffic.

Hubo un accidente.
There was an accident.

Decimos **there were** cuando nos referimos a varias cosas:

Hubo muchos problemas.
There were many problems.

UNIDAD 202

NO HUBO

*Para formar una frase negativa usando **there was** o **there were**, le agregamos **not** y decimos:*

No hubo.
There wasn't.
There weren't.

Por ejemplo:

No hubo mucho tránsito.
There wasn't a lot of traffic.

No hubo un accidente.
There wasn't any accident.

No hubo muchos problemas.
There weren't many problems.

UNIDAD 203

¿HUBO?

Para hacer preguntas con **there was** o **there were**, colocamos **was** o **were** al inicio de la pregunta.

¿Hubo?

Was there?

Were there?

Por ejemplo:

¿Hubo mucho tránsito?
Was there a lot of traffic?

¿Hubo un accidente?
Was there an accident?

¿Hubo muchos problemas?
Were there many problems?

UNIDAD 204

LA CASA

Aprendamos las palabras relacionadas con la casa:

Sala.
Living room.

Comedor.
Dining room.

Cocina.
Kitchen.

Baño.
Bathroom.

Dormitorio.
Bedroom.

Lavandería.
Laundry room.

Jardín.
Garden.

Practiquemos las siguientes frases:

Esta es la sala.
This is the living room.

Esta es la cocina.
This is the kitchen.

El baño está allí.
The bathroom is there.

Esos son los dormitorios.
Those are the bedrooms.

UNIDAD 205

PREGUNTANDO LA FECHA DE NACIMIENTO

Para preguntar la fecha de nacimiento, dices:

¿Cuándo naciste?
When were you born?

¿Cuándo nació él?
When was he born?

Cuando respondes, dices:

I was born...
Nací ...

Por ejemplo:

Nací en abril.
I was born in April.

El nació en agosto.
He was born in August.

UNIDAD 206

PREGUNTANDO LA NACIONALIDAD

Para saber la nacionalidad de alguien, preguntas:

¿De dónde eres?
Where are you from?

Para responder, dices:

Soy japonés.
I am Japanese.

También puedes preguntar:

¿De dónde vienes?
¿Where do you come from?

Para responder, dices:

Vengo de Guatemala.
I come from Guatemala.

Para saber el idioma que alguien habla, preguntas:

What language do you speak?

Para responder, dices:

Hablo francés.
I speak French.

UNIDAD 207 PROBLEMAS DE COMPRENSIÓN

Cuando tienes problemas para comprender algo, dirás:

Disculpe, no entiendo.
I'm sorry, I don't understand.

¿Qué significa terrific?
What does terrific mean?

Significa fantástico.
It means great.

¿Puede hablar más lentamente?
Can you speak more slowly?

¿Puede hablar más fuerte?
Could you speak louder?

¿Puedes repetir, por favor?
Could you repeat that, please?

UNIDAD 208 FALSOS COGNADOS

Aprendamos los siguientes falsos cognados:

Discusion.
Conversación.
En inglés, discusion
se dice argument.

Exit. / Salida.
En inglés, éxito
se dice success.

Embarrassed.
Avergonzado.
En inglés, embarazada
se dice pregnant.

Idiom. / Expresión
idiomática, frase hecha.
En inglés, idioma
se dice language.

UNIDAD 209

STILL, YET

*Las palabras **still** y **yet** significan todavía.*

Se usan generalmente con el tiempo presente perfecto. Colocamos still después del pronombre personal, mientras que yet va al final de una frase. Por ejemplo:

Todavía no has recibido la carta.
You still haven't received the letter.

Todavía no has recibido la carta.
You haven't received the letter, yet.

UNIDAD 210

ALREADY, YET

La palabra **already** significa **ya** y se usa en frases afirmativas:

Ella ya ha terminado.
She has already finished.

La palabra **yet** significa **todavía** y se usa en negaciones y preguntas:

Ella no ha terminado todavía.
She has not finished yet.

¿Ha (ella) terminado ya?
Has she finished yet?

UNIDAD 211

SINCE, FOR

*La palabra **since** significa **desde**. Indica el comienzo de la acción que describes.*

*La palabra **for** significa **durante**, e indica la duración de una acción: Por ejemplo:*

Yo he vivido en Miami desde 1999.
I've lived in Miami since 1999.

Él ha trabajado aquí durante un año.
He's worked here for a year.

UNIDAD 212

EVER, NEVER

La palabra **ever** significa **alguna vez**, y se usa en preguntas:

¿Has visto alguna vez a ese actor?
Have you ever seen that actor?

Para responder negativamente, usamos **never** que significa **nunca**:

¿Has viajado a Perú alguna vez?
¿Have you ever traveled to Peru?

No, nunca he viajado al Perú.
No, I have never traveled to Peru.

UNIDAD 213

PALABRAS INTERROGATIVAS

Aprendamos las siguientes palabras interrogativas:

Qué.
What.

Por qué / Para qué.
Why.

Qué / Cuál.
Which.

A quién.
Whom / To whom.

Quién.
Who.

De quién.
Whose.

Dónde.
Where.

Cuánto.
How much.

Cuándo.
When.

Cómo.
How.

Cuántos.
How many.

UNIDAD 214

WHAT

*Practiquemos la palabra interrogativa **what** (qué) con los siguientes ejemplos:*

¿Qué es?
What is it?

¿Qué es eso?
What is that?

¿Qué hay allí?
What is there?

¿Qué tal?
What's up?

¿Qué pasa?
What happens?

¿Qué dice él?
What does he say?

UNIDAD 215

WHO

*Practiquemos la palabra interrogativa **who** (quién) con los siguientes ejemplos:*

¿Quién es? / **Who is it?**

¿Quién llama?
Who's calling?

¿Quién viene?
Who's coming?

¿Quién habla?
Who's speaking?

¿Quiénes son?
Who are they?

¿Quiénes están en la lista?
Who is on the list?

¿Quién juega hoy?
Who's playing today?

UNIDAD 216

HOW

*Practiquemos la palabra interrogativa **how** (cómo) con los siguientes ejemplos:*

¿Cómo estás?
How are you?

¿Cómo vienes?
How are you coming?

¿A qué distancia está el lago?
How far is the lake?

¿Hace cuánto tiempo vives aquí?
How long have you been living here?

UNIDAD 217

WHEN

*Practiquemos la palabra interrogativa **when** (cuándo) con los siguientes ejemplos:*

¿Cuándo regresas? / When are you coming back?

¿Cuándo te vas? / When are you leaving?

¿Cuándo es el concierto? / When is the concert?

¿Cuándo terminan (ustedes) el proyecto?
When are you finishing the project?

UNIDAD 218

WHERE

Practiquemos la palabra interrogativa **where** (dónde) con los siguientes ejemplos:

¿Dónde está el plato?
Where is the dish?

¿Dónde está la herramienta?
Where is the tool?

¿Dónde están las cucharas?
Where are the spoons?

¿Dónde están los baños?
Where are the restrooms?

¿Dónde está la cafetería?
Where is the lunch room?

UNIDAD 219

WHY

Practiquemos la palabra interrogativa **why** (por qué) con los siguientes ejemplos:

¿Por qué fuiste a la farmacia?
Why did you go to the drugstore?

Y para responder, dices:

¿Por qué fuiste al centro comercial?
Why did you go to the mall?

Porque quería comprar medicinas.
Because I wanted to buy some medicines.

Porque tenía que comprar una blusa.
Because I had to buy a blouse.

UNIDAD 220

HOW MANY, HOW MUCH

***How** puede combinarse con otras palabras para hacer preguntas.*

Por ejemplo:

¿Cuánto?
How much?

¿Cuántos?
How many?

Practiquemos las siguientes frases:

¿Cuánto cuesta eso?
How much does it cost?

¿Cuánta sal hay?
How much salt is there?

¿Cuántos días te quedas aquí?
How many days are you staying here?

¿Cuántos hijos tienes?
How many children do you have?

UNIDAD 221

WHAT, HOW EN EXCLAMACIONES

Cuando quieres expresar algo con sorpresa, dices:

¡Qué bonito!
How nice!

¡Qué hermoso!
How beautiful!

¡Qué hermoso jardín!
What a beautiful garden!

¡Qué bonita cocina!
What a nice kitchen!

Me gusta.
I like.

Me gusta mucho.
I like it very much.

Me encanta.
I love it.

Me gusta tu jardín.
I like your garden.

Me encanta tu casa.
I love your house.

UNIDAD 222

HOW OFTEN

Para saber con qué frecuencia sucede algo, preguntas:

¿Con qué frecuencia?
How often?

¿Con qué frecuencia viajas?
How often do you travel?

Para responder, dices:

Una vez · **Once**
Dos veces · **Twice**

Cuando la frecuencia es mayor, usas la palabra times que significa veces:

Tres veces
Three times

Diez veces
Ten times

UNIDAD 223

HOW FAR, HOW LONG

***How** puede combinarse con otras palabras para hacer preguntas. Por ejemplo:*

¿Cuánto tiempo?
How long?

¿Cuánto tiempo te quedas?
How long are you staying?

¿Cuánto tiempo estuviste allá?
How long did you stay there?

¿A qué distancia?
How far?

¿A qué distancia está el hotel?
How far is the hotel?

¿A qué distancia está Texas?
How far is Texas?

UNIDAD 224

EN LA FARMACIA

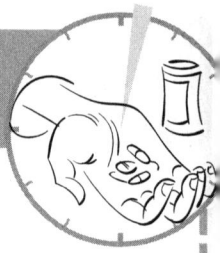

Aprendamos las siguientes palabras que usamos cuando estamos en la farmacia:

Desinfectante.
Desinfectant.

Vendita adhesiva.
Adhesive bandage.

Antibiótico.
Antibiotic.

Aspirina.
Aspirin.

Medicamento para el resfriado.
Cold medicine.

Jarabe para la tos.
Cough syrup.

Pomada.
Ointment.

Calmante.
Pain killer.

Pastillas.
Pills.

Receta médica.
Prescription.

Termómetro.
Thermometer.

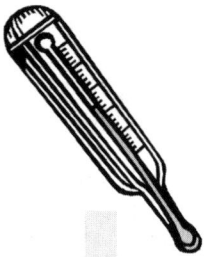

Algodón.
Cotton.

UNIDAD 225

ENFERMEDADES

Aprendamos a decir las siguientes enfermedades:

Asma · **Asthma.**

Paperas · **Mumps.**

Hepatitis · **Hepatitis.**

Úlcera · **Ulcer.**

Gripe · **Flu.**

Resfrío · **Cold.**

Indigestión.
Indigestion.

Alergia · **Allergy.**

Diabetes · **Diabetes.**

Hipertensión.
Hypertension.

Infección.
Infection.

Enfermedad de corazón.
Heart disease.

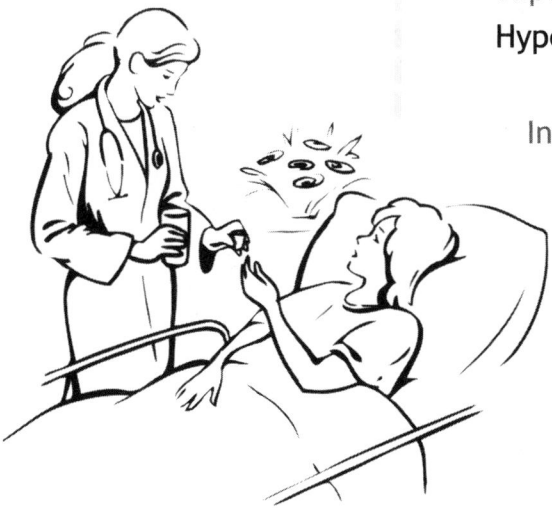

UNIDAD 226 PROBLEMAS DE SALUD

Cuando tienes problemas de salud, dices:

Dolor · Pain.

Me duele · It hurts.

Me duele la cabeza.
I have a headache.

Me duele el estómago.
I have a stomachache.

Me duele la garganta.
I have a sore throat.

Me siento mareado.
I feel dizzy.

Tengo tos · I have a cough.

Tengo fiebre.
I have a fever.

Estornudo · I sneeze.

Estoy enfermo · I'm sick.

UNIDAD 227 PRESENTACIONES Y EXPRESIONES DE CORTESÍA (DIÁLOGO)

MAN: Good afternoon.
WOMAN: Good afternoon sir. What is your name?
MAN: My name is Peter Jones.
WOMAN: Nice to meet you Mr. Jones.
MAN: It's my pleasure.
WOMAN: How may I help you?
MAN: I would like to see doctor Wallace.
WOMAN: Do you have an appointment?
MAN: Yes, I do.
WOMAN: One moment, please.

UNIDAD 228 PALABRAS INTERROGATIVAS (DIÁLOGO)

WOMAN: Good morning. What is your name?
MAN: My name is Robert Jones.
WOMAN: And, who are you?
MAN: I am the security guard of the company.
WOMAN: Where do you live?
MAN: I live in Brooklyn.
WOMAN: When did you start working?
MAN: I started two weeks ago.
WOMAN: How did you know about us?
MAN: I read your ad in the newspaper.

UNIDAD 229 LA FAMILIA (DIÁLOGO)

WOMAN: Hello Jack.
MAN: Hi Helen. How are you doing?
WOMAN: Fine, thanks.
MAN: Let me show you the pictures of my family.
MAN: This is my father, that is my mother, this is my brother Tom,... and that is my sister Rachel.
WOMAN: You have a beautiful family.
MAN: Thanks Helen.
WOMAN: Well, see you later.
MAN: O.K. See you.

UNIDAD 230 EL VERBO TENER (PASADO)

*Aprendamos el verbo **to have** (tener) en pasado:*

Yo tuve · I had

Tú tuviste · You had

Usted tuvo · You had

El tuvo · He had

Nosotros tuvimos.
We had.

Ustedes tuvieron.
You had.

Ellos tuvieron.
They had.

UNIDAD 231 EL VERBO TENER - PASADO (AFIRMATIVO)

*Practiquemos el verbo **to have** (tener) en pasado con algunos ejemplos:*

Yo tenía una tienda.
I had a store.

El tenía una casa.
He had a house.

Ellos tuvieron una oportunidad.
They had an opportunity.

Nosotros tuvimos un perro.
We had a dog.

Tú tenías un bote.
You had a boat.

UNIDAD 232

EL VERBO TENER - PASADO (NEGATIVO)

Para formar el negativo del verbo **to have** (tener), usamos el auxiliar **did**, seguido de **not** (did not / didn't), seguido del verbo principal en presente:

Yo no tuve.
I didn't have.

El no tuvo tiempo.
He didn't have time.

Ella no tenía dinero.
She didn't have money.

UNIDAD 233

EL VERBO TENER - PASADO (PREGUNTAS)

Para preguntar con el verbo **to have** (tener), usaremos el auxiliar **did** al inicio de la pregunta y el verbo **have** en presente:

¿Tuviste?
Did you have?

Por ejemplo:

¿Tenías comida?
Did you have food?

¿Tenías tiempo?
Did you have time?

¿Tenían amigos?
Did they have any friends?

UNIDAD 234

PREGUNTAS REAFIRMATIVAS CON EL VERBO TO BE

Las preguntas reafirmativas, que en inglés se llaman **tag questions**, van al final de una frase. Por ejemplo:

¿No es así?
¿Verdad?
¿No?

Era pelirroja, ¿verdad?
She was a redhead, wasn't she?

No es flaco, ¿no?
He's not thin, is he?

Si el verbo de la frase está en afirmativo, la pregunta estará en negativo, y viceversa. Si la frase está con el verbo to be, la pregunta también lo estará.

UNIDAD 235

PREGUNTAS REAFIRMATIVAS CON EL AUXILIAR DO

*Como ya estudiamos, los **tag questions** son las preguntas reafirmativas que van al final de una frase.*

Cuando la frase tiene verbos diferentes a **to be**, preguntamos con un auxiliar:

Él tiene ojos azules, ¿verdad?
He has blue eyes, doesn't he?

Ella no fue a la fiesta, ¿no?
She didn't go to the party, did she?

UNIDAD 236

EL PASADO CONTÍNUO

Usamos el pasado continuo para describir una acción que estaba ocurriendo en un determinado momento del pasado.

Este tiempo verbal se forma con el verbo **to be** (was o were) en pasado, y otro verbo terminado en **-ing**. Por ejemplo:

Yo estuve durmiendo.
I was sleeping.

Estuviste comiendo.
You were eating.

Estuvo lloviendo.
It was raining.

UNIDAD 237

EL PASADO CONTÍNUO (EJEMPLOS)

Practiquemos las siguientes frases con el tiempo pasado continuo:

Nosotros estábamos cenando a las 6.
We were having dinner at 6 o'clock.

Ellos estuvieron leyendo. / They were reading.

Yo estuve durmiendo, cuando tú llamaste.
I was sleeping, when you called.

Estuvo lloviendo, cuando él se fue.
It was raining, when he left.

UNIDAD 238

EL VERBO TO COME (VENIR)

*Aprendamos el verbo **to come** (venir) con los siguientes ejemplos:*

Yo vengo a la casa.
I come home.

Nosotros estamos viniendo del aeropuerto.
We're coming from the airport.

Ellos vendrán de jugar básquetbol.
They'll come from playing basketball.

Tú viniste del jardín.
You came from the garden.

Ella estuvo viniendo temprano.
She was coming early.

UNIDAD 239

EL VERBO TO DRIVE (CONDUCIR)

*Estudiemos el verbo **to drive** (conducir) con los siguientes ejemplos:*

El conduce su auto.
He drives his car.

Tú estás conduciendo con cuidado.
You're driving carefully.

Ustedes condujeron bien.
You drove well.

Yo conduje un camión.
I drove a truck.

Nosotros estuvimos conduciendo lentamente.
We were driving slowly.

Yo estuve conduciendo una moto.
I was driving a bike.

UNIDAD 240

EL VERBO TO FEEL (SENTIR)

*Aprendamos el verbo **to feel** (sentir) con los siguientes ejemplos:*

Me siento mareada.
I feel dizzy.

Nosotros estamos sintiendo un movimiento.
We're feeling a movement.

Ellos van a sentir algo.
They'll feel something.

Ella se sintió bien.
She felt well.

Ustedes estuvieron sintiendo frío.
You were feeling cold.

Yo no estuve sintiendo nada.
I wasn't feeling anything.

UNIDAD 241

EL VERBO TO FINISH (TERMINAR)

*Aprendamos el verbo **to finish** (terminar) con los siguientes ejemplos:*

Tú terminas tu trabajo.
You finish your work.

Ella termina de comer.
She finishes eating.

Ellos terminaron el diseño.
They finished the design.

Yo voy a terminar de cortar madera.
I'm going to finish cutting some wood.

El estuvo terminando su tarea.
He was finishing his homework.

UNIDAD 242

LA ROPA

Aprendamos las palabras relacionadas con la ropa y accesorios de vestir:

Ropa. **Clothes.**

Chaqueta. **Jacket.**

Abrigo. **Coat.**

Impermeable. **Raincoat.**

Vestido. **Dress.**

Blusa. **Blouse.**

Suéter. **Sweater.**

Camiseta. **T-shirt.**

Camisa. **Shirt.**

Pantalones. **Pants.**

Pantalones cortos. **Shorts.**

Falda. **Skirt.**

Zapatos tenis. **Sneakers.**

Zapatos. **Shoes.**

Sombrero. **Hat.**

Cinturón. **Belt.**

Bufanda. **Scarf.**

Pañuelo. **handkerchief.**

UNIDAD 243

LA CASA (DIÁLOGO)

WOMAN: Look at this house!

MAN: Oh! It's a big house.

WOMAN: This is the living room.

MAN: I like it.

WOMAN: And that is the dining room.

MAN: I think it is beautiful.

WOMAN: There are three bedrooms and two bathrooms in this house.

MAN: Wow! It's really nice.

UNIDAD 244

LA COMIDA (DIÁLOGO)

MAN: Good morning. I would like one bag of onions and two cans of tomatoes

WOMAN: Is that all?

MAN: No, I also want one bottle of milk and two pounds of beef.

WOMAN: The total is twenty-seven dollars.

MAN: Here you are.

WOMAN: Thank you.

MAN: Thank you. Good bye.

UNIDAD 245

LA ROPA (DIÁLOGO)

WOMAN: Hi. How may I help you?
MAN: I am looking for pants.
WOMAN: What color would you like?
MAN: I would like them in brown
WOMAN: And, what size would you like?
MAN: I would like them in medium size.
WOMAN: Here you are.
MAN: Oh! Thank you. May I try them on?
WOMAN: Yes, of course. The fitting room is on the left.

UNIDAD 246

FRASES VERBALES COME BACK, COME UP WITH

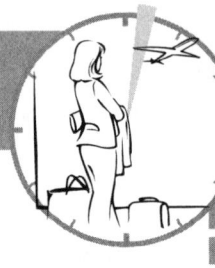

*Estudiemos el uso del verbo **come** con algunas preposiciones:*

Regresar.
Come back.

¡Regresa pronto!
Come back soon!

Sugerir.
Come up with.

(El) sugirió una idea muy buena.
He came up with a great idea.

UNIDAD 247

FRASES VERBALES COME FROM, COME ON

*Estudiemos el uso del verbo **come** con algunas preposiciones:*

Venir · Come

Venir de un lugar (ciudad, país, región).
Come from.

Venimos de Venezuela.
We come from Venezuela.

Pedirle a alguien que se apure, expresar algo.

Come on

¡Apúrate! Salimos en 5 minutos.

Come on! We're leaving in 5 minutes.

¿Ganaste la lotería? ¡No es cierto!

You won the lottery? Come on!

UNIDAD 248

EL DIA DE ACCIÓN DE GRACIAS

Thanksgiving es la Fiesta de Acción de Gracias, una de las fiestas más celebradas en el país. Las familias se reúnen el cuarto jueves de noviembre y celebran, dando gracias por lo que tienen.

Se celebra desde 1621, cuando los primeros colonizadores o peregrinos puritanos (pilgrims) llegaron a Massachussets, huyendo de la persecución religiosa en Inglaterra, y fueron bien recibidos por los indios del área. Luego, los peregrinos organizaron una cena como agradecimiento a los indios y los invitaron.

UNIDAD 249

SONIDOS DE VOCALES Y DIPTONGOS - [a], [a:]

Aprendamos los siguientes sonidos:

[a]
como en
bus (bas)

Escucharás este sonido en palabras como:

Other (áder). Otro.

Enough (ináf). Suficiente.

Flood (flad). Inundación.

Fun (fan). Diversión.

[a:]
como en
car (ka:r).

Escucharás este sonido en palabras como:

Bar (ba:r). Bar.

Lawn (la:n). Césped.

Daughter (dá:re:r). Hija.

Law (la:). Ley.

UNIDAD 250

SONIDOS DE VOCALES Y DIPTONGOS - [æ], [e]

Aprendamos los siguientes sonidos:

[æ]
como en
back (bæk)

Escucharás este sonido en palabras como:

Cab (kæb). Taxi.

Hand (jænd). Mano.

Apple (æpel). Manzana.

Laugh (læf). Reír.

[e]
como en
end (end)

Escucharás este sonido en palabras como:

Sell (sel). Vender.

Ten (ten). Diez.

Care (kér). Cuidado.

Again (egén). Nuevamente.

UNIDAD 251

SONIDOS DE VOCALES Y DIPTONGOS - [e], [e:]

Aprendamos los siguientes sonidos:

Escucharás este sonido en palabras como:

Ago (egóu). Atrás.

Cousin (kásen). Primo.

Nation (néishn). Nación.

Famous (féimes). Famoso.

[e]
como en excellent (ékselent)

Escucharás este sonido en palabras como:

Person (pe:rsen). Persona.

Dessert (dizé:rt). Postre.

Nurse (ne:rs). Enfermera.

Work (we:rk). Trabajo.

[e:]
como en learn (le:rn)

UNIDAD 252

LA ENTONACIÓN (NUESTROS ERRORES MAS FRECUENTES)

Entre los errores más frecuentes que cometemos los hispanos cuando hablamos inglés está la entonación. En inglés, la comprensión de una frase puede variar según donde le demos mayor entonación. Por ejemplo, cuando decimos thank you, si ponemos la mayor fuerza de tono sobre thank, estamos diciendo gracias. En cambio, si la entonación es mayor sobre you, estamos diciendo gracias a ti.

UNIDAD 253

CONVERSACIÓN TELEFÓNICA (COMPRENSIÓN ORAL)

Listen to the conversation:

WOMAN: Hello, may I speak to Mr. Ragoo?
MAN: Who's calling, please?
WOMAN: This is Mrs. Sarandon.
MAN: He's not available. May I take a message?
WOMAN: No, thanks. I will call him back later.

Answer the following questions:

1. Who is calling Mr. Ragoo?
2. Is Mr. Ragoo available?
3. Did the caller leave a message for Mr. Ragoo?

UNIDAD 254

EL PASADO PARTICIPIO

*El pasado participio es la forma verbal que en español tiene la terminación -**ado**, -**ido**.*

Existen dos categorías verbales.

Los verbos regulares en pasado participio tienen la misma forma del pasado simple:

Llamé. I called.

Llamado. Called.

Compré. I bought.

Comprado. Bought.

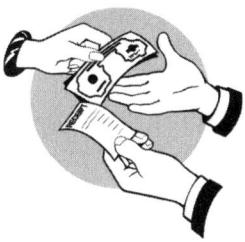

Los verbos irregulares cambian su forma o mantienen la forma del presente:

Hablé. I spoke.

Hablado. Spoken.

Supe. I knew.

Sabido. Known.

Vine. I came.

Venido. Come.

UNIDAD 255

VERBOS REGULARES (PASADO PARTICIPIO)

*El pasado participio es la forma verbal que en español tiene la terminación -**ado**, -**ido**.*

Aprendamos algunos verbos regulares en pasado participio:

Yo llamé.
I called.

Llamado.
Called.

Tú saliste.
You left.

Salido.
Left.

El vivió.
He lived.

Vivido.
Lived.

Nosotros enviamos.
We sent.

Enviado.
Sent.

Ustedes estudiaron.
You (plural) studied.

Estudiado.
Studied.

UNIDAD 256

VERBOS IRREGULARES (PASADO PARTICIPIO)

*El pasado participio es la forma verbal que en español tiene la terminación -**ado**, -**ido**.*

Aprendamos algunos verbos irregulares en pasado participio:

Yo estuve. I was.

Estado. Been.

Yo conduje. I drove.

Conducido. Driven.

Yo fui. I went.

Ido. Gone.

Yo rompí. I broke.

Roto. Broken.

Yo hice. I did.

Hecho. Done.

Yo escribí. I wrote.

Escrito. Written.

Yo hablé. I spoke.

Hablado. Spoken.

UNIDAD 257

EL PRESENTE PERFECTO

Usamos el presente perfecto para describir situaciones del pasado que siguen sucediendo. Para formar el presente perfecto conjugamos el verbo **to have** en presente, que en este caso significa **haber**, y un verbo en pasado participio. Por ejemplo:

Yo he vivido.
I have lived. I've lived.
She has lived. She's lived.

Yo he vivido en California por tres años.
I've lived in California for three years.

UNIDAD 258

EL PRESENTE PERFECTO (AFIRMATIVO)

Practiquemos el presente perfecto con los siguientes ejemplos:

Yo he pagado mis impuestos. I've paid my taxes.

Ella ha viajado mucho. She's traveled a lot.

El ha trabajado aquí desde el año pasado.
He's worked here since last year.

Nosotros hemos visto el programa.
We've watched the program.

Tú has comenzado a jugar. You've started playing.

UNIDAD 259

EL PRESENTE PERFECTO (NEGATIVO)

Para formar el negativo en presente perfecto, agregamos not entre have y el verbo en participio, y decimos:

Yo no he vivido.
I have not lived.
I haven't lived.

El no ha venido.
He has not come.
He hasn't come.

El no ha jugado.
He hasn't played.

Ustedes no han visto la película.
You haven't watched the movie.

UNIDAD 260

EL PRESENTE PERFECTO (PREGUNTAS)

Para hacer preguntas, colocamos have o has al inicio de la frase:

¿Has visto?
Have you watched?

¿Ha visto ella?
Has she watched?

¿Has visto alguna vez a un actor famoso?
Have you ever seen a famous actor?

¿Ha estado ella alguna vez en Brasil?
Has she ever been in Brazil?

UNIDAD 261

EL PRESENTE PERFECTO CONTÍNUO

Usamos el presente perfecto continuo cuando queremos enfatizar el tiempo que dura una acción que comenzó en el pasado y continúa en el presente.

Se forma agregando un verbo terminado en **-ing** al presente perfecto:

It's been raining.

She's been driving.

Por ejemplo:

Ha estado lloviendo toda la mañana.
It's been raining all morning.

UNIDAD 262

EL PRESENTE PERFECTO CONTÍNUO (EJEMPLOS)

Practiquemos el presente continuo con las siguientes frases:

Ellos han estado esperándola desde las 9.
They've been waiting for her since 9 o'clock.

George ha estado conduciendo durante cinco horas.
George has been driving for five hours.

¿Has estado esperando mucho tiempo?
Have you been waiting long?

UNIDAD 263

EL VERBO TO LIVE (VIVIR)

Aprendamos el verbo **to live** (vivir) con los siguientes ejemplos:

Yo vivo cerca de aquí.

I live around here.

Ustedes van a vivir en los Estados Unidos.

You're going to live in the US.

Ellos vivirán en Nevada.

They'll live in Nevada.

El vivió allá.

He lived there.

Ella ha vivido acá.

She has lived here.

Tú has estado viviendo cerca.

You have been living nearby.

UNIDAD 264 EL VERBO TO KNOW (SABER)

*Aprendamos el verbo **to know** (saber) con los siguientes ejemplos:*

Tú sabes mucho.
You know very much.

Ellos no sabrán nada.
They won't know anything.

Yo supe algo.
I knew something.

Nosotros hemos sabido trabajar.
We have known how to work.

Ella había sabido cocinar.
She had known how to cook.

Ustedes han sabido conducir.
You had known how to drive.

UNIDAD 265 FALSOS COGNADOS

Aprendamos los siguientes falsos cognados:

Large. Grande.
En inglés, largo se dice long.

Realize. Darse cuenta.
En inglés, realizar se dice carry out, implement.

Notice. Aviso.
En inglés, noticia se dice news.

Success. Éxito.
En inglés, suceso se dice event.

UNIDAD 266

LOS DEPORTES

Aprendamos los nombres de los deportes:

Tenis. **Tennis.**

Básquetbol. **Basketball.**

Béisbol. **Baseball.**

Fútbol. **Soccer.**

Fútbol americano.
Football.

Golf. **Golf.**

Rugby. **Rugby.**

Hockey. **Hockey.**

Natación. **Swimming.**

Ciclismo. **Cycling.**

Practiquemos las siguientes frases:

Ellos juegan al tenis los fines de semana.
They play tennis on weekends.

No me gusta jugar al golf.
I don't like to play golf.

UNIDAD 267

EL TRANSPORTE

Aprendamos los nombres de los vehículos de transporte:

Automóvil. **Car.**

Barco. **Ship.**

Velero. **Sailboat.**

Motocicleta. **Motorbike.**

Bicicleta. **Bicycle.**

Autobús. **Bus.**

Camión. **Truck.**

Bote. **Boat.**

Yate. **Yacht.**

Avión. **Airplane.**

Helicóptero. **Helicopter.**

UNIDAD 268

SONIDOS DE VOCALES Y DIPTONGOS - [i], [i:]

Aprendamos los siguientes sonidos:

Escucharás este sonido en palabras como:

Tea (ti:). Té.

Sleep (sli:p). Dormir.

Receive (risí:v). Recibir.

Niece (ni:s). Sobrina.

Seat (si:t). Asiento.

[i:]
como en please (pli:z)

Escucharás este sonido en palabras como:

Sit (sit). Sentarse.

Guitar (gitá:r). Guitarra.

Live (liv). Vivir.

[i]
como en six (siks)

UNIDAD 269

EN EL CORREO (COMPRENSIÓN ORAL)

Listen to the conversation:

WOMAN: How may I assist you today?
MAN: I want to buy twenty-two stamps and one box of envelopes.
WOMAN: Anything else?
MAN: Yes, I would like to send a parcel.
WOMAN: Where to?
MAN: To Belgium.
WOMAN: Your total is twenty-nine (29) dollars and five (5) cents.

Answer the following questions:

1. How many stamps does the person want to buy?
2. What does the person want to send?
3. Where is the mail going to?
4. How much is the total to be paid?

UNIDAD 270

EL PASADO PERFECTO

Usamos el pasado perfecto cuando hablamos de una acción pasada que terminó antes de un momento especial en el pasado:

Este tiempo se forma con el auxiliar had más un verbo en participio:

Yo había ido.
I had left.

Ustedes habían hablado.
You had talked.

El había terminado.
He had finished.

Ellos habían comido.
They had eaten.

UNIDAD 271

EL PASADO PERFECTO (EJEMPLOS)

Practiquemos las siguientes frases usando el pasado perfecto:

Ella había hablado.
She had talked.

Yo me había ido.
I had left.

Greg ya había terminado.
Greg had already finished.

Y también con frases que comiencen con when:

Greg ya había terminado cuando ella llamó.

Greg had already finished when she called.

UNIDAD 272

EL VERBO TO LEARN (APRENDER)

*Aprendamos el verbo **to learn** (aprender) con los siguientes ejemplos:*

Yo estoy aprendiendo a hablar inglés.
I'm learning to speak English.

Nosotros vamos a aprender a conducir.
We're going to learn to drive.

Ellos aprenderán a hablar.
They'll learn to speak.

Ella aprendió a tocar piano.
She learned to play the piano.

Tú has aprendido a caminar.
You have learned to walk.

Ustedes habían aprendido a cocinar.
You had learned to cook.

UNIDAD 273

EL VERBO TO SLEEP (DORMIR)

*Aprendamos el verbo **to sleep** (dormir) con los siguientes ejemplos:*

Tú estás durmiendo a las ocho.
You're sleeping at eight o'clock.

Nosotros nos dormimos en el hotel.
We slept in the hotel.

Ellos dormirán en la casa.
They'll sleep in the house.

Ella ha dormido en la silla.
She has slept on the chair.

Yo había dormido dos horas.
I had slept two hours.

UNIDAD 274

REGLAS DE PRONUNCIACIÓN EN PASADO (SONIDO D)

Estudiemos la pronunciación de los verbos regulares en pasado, con la terminación -d o -ed.

Cuando el verbo termina en vocal, o en una letra b, g, l, m, n, r, v, w y, z, debes pronunciar la terminación ed como una [d]:

Arrive · Arrived

Plan · Planned

Reserve · Reserved

Show · Showed

Stay · Stayed

Squeeze · Squeezed

Rob · Robbed

UNIDAD 275

REGLAS DE PRONUNCIACIÓN EN PASADO (SONIDO ED)

Estudiemos la pronunciación de los verbos regulares en pasado, con la terminación -d o -ed.

Want · Wanted

Wait · Waited

Repeat · Repeated

Start · Started

Decide · Decided

Need · Needed

Cuando el verbo termina en t, d, o de, la terminación ed en pasado se pronuncia [ed]:

UNIDAD 276

REGLAS DE PRONUNCIACIÓN EN PASADO (SONIDO T)

Estudiemos la pronunciación de los verbos regulares en pasado, con la terminación -d o -ed.

Cuando el verbo termina en sonido o letra f, k, p, s, ch, sh, x, la terminación ed en pasado se pronuncia con el sonido final t:

Laugh · Laughed
Talk · Talked
Stop · Stopped
Miss · Missed
Watch · Watched
Wash · Washed
Mix · Mixed

UNIDAD 277

PROBLEMAS DE SALUD (COMPRENSIÓN ORAL)

Listen to the conversation:

WOMAN: Hi, how are you doing?
MAN: I don't feel well. I think I've got a cold.
WOMAN: Do you have pain?
MAN: Yes, I do. I have a headache and sneeze a lot.
WOMAN: I believe you have fever. Take this cold medicine.
MAN: I hope it helps me.

Answer the following questions:

1. What kind symptoms does the patient have?
2. What does the doctor give to the patient?
3. Does the patient have pain?

UNIDAD 278

LOS ANIMALES

Aprendamos los nombres de los animales:

Perro · **Dog**

Gato · **Cat**

Pollo · **Chicken**

Pez · **Fish**

Pájaro · **Bird**

Ratón · **Mouse**

Tigre · **Tiger**

León · **Lion**

Lagarto · **Alligator**

Vaca · **Cow**

Pato · **Duck**

Ardilla · **Squerrel**

Caballo · **Horse**

Cebra · **Zebra**

Mono · **Monkey**

UNIDAD 279 EL CONDICIONAL (PRESENTE)

*El tiempo condicional se forma con dos frases y la palabra **if** que significa **si**. Usamos el condicional para expresar una condición.*

Estudiemos el condicional presente-presente, en el cual los verbos de ambas frases están en presente. Por ejemplo:

Si hablas despacio, puedo entender mejor.
If you speak slowly, I can understand better.

Si sucede algo, llama al 911.
If something happens, call 911.

UNIDAD 280 EL CONDICIONAL (PRESENTE - FUTURO)

*En el condicional presente-futuro, el verbo de la frase, seguida de **if** está en presente, y el otro está en futuro. Por ejemplo:*

Si gano la lotería, voy a comprarme una isla.

If I win the lottery, I'm going to buy an island.

Si me compro una isla, invitaré a todos mis amigos.

If I buy an island, I'll invite all my friends.

UNIDAD 281

EL VERBO TO UNDERSTAND (COMPRENDER, ENTENDER)

*Aprendamos el verbo **to understand** (comprender, entender) con los siguientes ejemplos:*

Tú entiendes muy bien.
You understand very well.

Yo no entendí.
I didn't understand.

Nosotros te entendemos.
We'll understand you.

Ellos me han entendido.
They have understood me.

El ha entendiendo el trabajo.
He has understood the job.

Ella había entendido bien.
She had understood well.

UNIDAD 282

EL VERBO TO WAKE UP (DESPERTAR)

*Aprendamos el verbo **to wake up** (despertar) con los siguientes ejemplos:*

Yo me desperté tarde. / I woke up late.

Ellos se van a despertar temprano.
They're going to wake up early.

Ella se ha despertado a las nueve.
She has woken up at nine o'clock.

El se había despertado tarde. / He had woken up late.

Tú te habías estado despertando en ese momento.
You have been waking up at that time.

UNIDAD 283 INVITANDO A ALGUIEN

Para invitar a alguien a un lugar, dices:
¿Te gustaría venir? · Would you like to come?

Para aceptar una invitación, dices:

Me encantaría.
I'd love to.

¡Qué buena idea!
That's a great idea!

¡Me parece fantástico!
Sounds great!

Si no puedes o no te interesa, dices:

Gracias, pero estoy muy cansado.

Thank you, but I'm very tired.

UNIDAD 284 PIDIENDO PERMISO

Para pedir permiso, usamos may y can:

¿Podría usar su bolígrafo, por favor?
May I use your pen, please?

¿Podría entrar?
May I come in?

¿Podría hacerle una pregunta?
Could I ask you a question?

Cuando la situación es más informal puedes usar can:

¿Puedo pedirte 10 dólares?
Can I borrow 10 dollars?

¿Puedo mirar esas fotos?
Can I look at those pictures?

UNIDAD 285

EN EL HOTEL (COMPRENSIÓN ORAL)

Listen to the conversation:

WOMAN: Hello. I have a reservation for today.
MAN: Do you have your confirmation number?
WOMAN: Yes, I do. Here you are.
MAN: You have a reservation of one standard room.
WOMAN: May I upgrade it to a suite?
MAN: I'm afraid we can't. We are sold out.

Answer the following questions:

1. Does the guest have a room reservation?
2. How many rooms has the guest reserved?
3. Can the clerk upgrade the room?

UNIDAD 286

FRASES VERBALES SHOW AROUND, SHOW UP, SHOW OFF

*Estudiemos el verbo **show** con algunas preposiciones:*

Mostrar · **Show.**

Mostrar un lugar
Show around.

Permíteme mostrarte la oficina.
Let me show you around the office.

Llegar a donde te esperan, aparecer · **Show up.**

No apareció en la fiesta.
He didn't show up for the party.

Jactarse · **Show off.**

Ella siempre se jacta delante de todos.
She's always showing off in front of everybody.

UNIDAD 287

FRASES VERBALES TURN ON, TURN OFF

*Estudiemos el uso del verbo **turn** con algunas preposiciones:*

Encender · Turn on

¡Enciende las luces, por favor!
Turn on the lights, please!

¿Abriste la llave del gas?
Did you turn on the gas?

Apagar · Turn off

Apaga el televisor si no lo estás mirando.
Turn off the TV if you're not watching it.

UNIDAD 288

LA PRONUNCIACIÓN (NUESTROS ERRORES MAS FRECUENTES)

Cuando aprendemos un nuevo idioma, generalmente cometemos errores al hablar. Uno de los errores más comunes, cuando los hispanos aprendemos a hablar inglés, es la pronunciación de la letra r.

Además, en inglés debemos pronunciar hasta la última letra de una palabra para que nos puedan entender bien. Muchas veces, por omitirla, podemos cambiar el significado completo de una frase.

UNIDAD 289

SONIDOS DE VOCALES Y DIPTONGOS - [o:], [u:]

Aprendamos los siguientes sonidos:

[o:]
como en
more (mo:r)

Escucharás este sonido en palabras como:

Shore (sho:r). Costa.

Before (bifó:r). Antes.

Four (fo:r). Cuatro.

Store (sto:r). Tienda.

[u:]
como en
room (ru:m)

Escucharás este sonido en palabras como:

You (yu:). Tú-ustedes.

Shoe (shu:). Zapato.

June (shu:n). Junio.

Do (du:). Hacer.

UNIDAD 290

SONIDOS DE VOCALES Y DIPTONGOS - [u], [au]

Aprendamos los siguientes sonidos:

Escucharás este sonido en palabras como:

Woman (wúmen). Mujer.

Cook (kuk). Cocinar.

Could (kud). Podría.

Juice (shu:z). Jugo.

[u]
como en
look (luk)

Escucharás este sonido en palabras como:

How (jáu). Cómo.

House (jáuz). Casa.

Round (ráund). Redondo.

Town (táun). Ciudad.

[au]
como en
now (náu)

UNIDAD 291

SONIDOS DE VOCALES Y DIPTONGOS - [ai], [ei]

Aprendamos los siguientes sonidos:

[ai]
como en
nice (náis)

Escucharás este sonido en palabras como:

Price (práis). Precio.

Child (cháild). Niño.

Diet (dáiet). Dieta.

Lie (lái). Mentira.

Pie (pái). Pastel.

[ei]
como en
say (séi)

Escucharás este sonido en palabras como:

Take (téik). Tomar.

Date (déit). Fecha.

Explain (ikspléin). Explicar.

Subway (sábwei). Subterráneo.

UNIDAD 292

SONIDOS DE VOCALES Y DIPTONGOS - [ou], [oi]

Aprendamos los siguientes sonidos:

Escucharás este sonido en palabras como:

Hello (jelóu). Hola.

Know (nóu). Saber.

Phone (fóun). Teléfono.

Road (róud). Carretera.

[ou]
como en home (jóum)

Escucharás este sonido en palabras como:

Oil (óil). Aceite.

Noise (nóiz). Ruido.

Boil (bóil). Hervir.

Voice (vóis). Voz.

Enjoy (inshói). Disfrutar.

[oi]
como en boy (boi)

UNIDAD 293

¿QUE HORA ES? (COMPRENSIÓN ORAL)

Listen to the conversation:

WOMAN: Excuse me, what time is it?
MAN: It is 5:00 (five o'clock).
WOMAN: Thank you. Can you tell me if the concert is today?
MAN: No, the concert is tomorrow.
WOMAN: Oh! And at what time does it start?
MAN: It starts at 6:00 P.M. (six o'clock in the evening).

Answer the following questions:

1. When is the concert?
2. At what time does the concert start?

UNIDAD 294

EL VERBO TO START (COMENZAR)

*Aprendamos el verbo **to start** (comenzar) con los siguientes ejemplos:*

Nosotros comenzamos un nuevo proyecto.
We start a new project.

Tú comenzarás a leer.
You'll start reading.

Yo comencé a estudiar inglés.
I started studying English.

Ella ha encendido su auto.
She has started her car.

Ellos habían empezado a comprender.
They had started to understand.

UNIDAD 295

EL VERBO TO THINK (PENSAR)

*Aprendamos el verbo **to think** (pensar) con los siguientes ejemplos:*

Nosotros pensamos.
We think.

Yo estoy pensando en ti.
I'm thinking of you.

Usted no pensó mucho.
You didn't think very much.

Ella pensó en él.
She thought of him.

Tú has pensado en el futuro.
You have thought about the future.

Ellos habían pensado en todo.
They had thought of everything.

UNIDAD 296

FRASES VERBALES COUNT IN, COUNT ON

*Estudiemos el uso del verbo **count** con algunas preposiciones:*

Contar · Count

Contar con (incluir a alguien en una actividad) · Count in

Pueden contar conmigo para la fiesta
You can count me in for the party

Contar con, confiar · Count on

Puedes contar conmigo, soy tu amigo.
You can count on me, I'm your friend.

UNIDAD 297

FRASES VERBALES LOOK FOR, LOOK AFTER

*Estudiemos el verbo **look** con algunas preposiciones:*

Buscar.
Look for.

Estoy buscando mis llaves.
I'm looking for my keys.

Cuidar.
Look after.

Alyson tiene que cuidar a su hijo.
Alyson has to look after her son.

UNIDAD 298

FRASES VERBALES TAKE OUT, TAKE OFF

*Estudiemos el verbo **take** con algunas preposiciones:*

Quitar, sacar.
Take out.

El dentista le sacó un diente.
The dentist took out a tooth.

Sacaré dinero del banco.
I'll take out some money from the bank.

Despegar (un avión), quitarse (la ropa).
Take off.

El avión despegó tarde.
The airplane took off late.

Se quitó el impermeable.
She took off the raincoat.

UNIDAD 299

¿QUE TAL SI...?

Cuando quieras sugerir algo, usarás las expresiones:

¿Qué tal ...? o ¿Qué te parece si...?
How about?
What about?

¿Y tú qué tal?
How about you?

Estas expresiones también pueden ir seguidas de un verbo terminado en -ing. Por ejemplo:

¿Qué tal si comemos... ?
¿How about eating... ?

¿Qué tal si nos quedamos... ?
What about staying... ?

UNIDAD 300

BUSCANDO TRABAJO (COMPRENSIÓN ORAL)

Listen to the conversation:

WOMAN: Good morning. I would like to apply for a job.
MAN: For what position?
WOMAN: Cook.
MAN: Do you have any experience?
WOMAN: Yes, I do. I worked as a cook for two years.
MAN: Please fill out this form.

Answer the following questions:

1. For what position is the person applying?
2. Does the person have experience in the position?
3. Is the position available?

LAS 1000 PALABRAS CLAVES DEL INGLÉS AMERICANO

Ordenadas por importancia y frecuencia de uso

Palabras Clave 1 a 100

A (e). Un, una
Address (ædres). Dirección
Age (eish). Edad
All (a:l). Todos
And (end). Y
Are (a:r). Son, están
Back (bæk). Atrás, espalda
Be (bi:). Ser, estar
Because (bico:s). Porque
Big (big). Grande
But (bat). Pero
Can (kæn). Poder
Car (ka:r). Automóvil
Country (kántri). País
Did (did). Pasado simple del verbo hacer
Do (du:). Hacer
Drive (dráiv). Conducir
Eat (i:t). Comer
English (english). Inglés
Far (fa:r). Lejos
Food (fud). Comida
For (fo:r). Para
From (fra:m). De, desde
Get (get). Conseguir
Go (góu). Ir
Good (gud). Bueno
Have (jæv). Tener
He (ji:). Él
Here (jir). Aquí, acá
His (jiz). Su (de él)
Home (jóum). Hogar
Hour (áur). Hora
How (jáu). ¿Cómo?
I (ái).Yo
In (in). En
Is (is). Es
It (it). Lo
Job (sha:b). Trabajo
Like (láik). Gustar
Look (luk). Mirar
Mail (méil). Correo
Make (méik). Hacer
Man (mæn). Hombre
Many (mæni). Muchos
Me (mi:). Me, a mí
Mile (máil). Milla
Money (máni). Dinero
More (mo:r). Más
Much (ma:ch). Mucho
My (mái). Mi

Need (ni:d). Necesitar

Never (néve:r). Nunca

New (nu:). Nuevo

No (nou). No

Not (not). No

Number (namber). Número

Of (ev). De

Old (óuld). Viejo

One (wan). Uno

Open (óupen). Abrir

Or (o:r). O

Other (á:de:r). Otro

Out (áut). Afuera

Put (put). Poner

Same (seim). Mismo

Say (séi). Decir

See (si:). Ver

She (shi:). Ella

Some (sæm). Algunos

Soon (su:n). Pronto

Street (stri:t). Calle

That (dæt). Esa, ese, eso, aquella, aquel, aquello

The (de). El, la, las, los

There (der). Allá, allí

They (déi). Ellos/as

This (dis). Este,este,esto

Time (táim). Tiempo

To (tu:). A

Today (tudei). Hoy

Two (tu:). Dos

Understand (anderstænd). Entender

Up (ap). Arriba

Use (iu:s). Usar

Very (véri). Muy

Wait (wéit). Esperar

Want (wa:nt). Querer

Was (wos). Era, fue

We (wi:). Nosotros

Well (wel). Bien

What (wa:t). ¿Qué?

When (wen). ¿Cuándo?

Why (wái). ¿Por qué?

Will (wil). Auxiliar para el futuro

With (wid). Con

Woman (wumen). Mujer

Word (word). Palabra

Write (ráit). Escribir

Yes (yes). Sí

You (yu:).Tú, usted, ustedes

Your (yo:r). Tu; su; de usted, de ustedes

Palabras Clave 101 a 200

About (ebáut). Acerca de
After (æfte:r). Después
Ago (egóu). Atrás
Always (a:lweiz). Siempre
An (en). Un, una
Bad (bæd). Malo
Bag (bæg). Bolso, bolsa
Before (bifo:r). Antes
Begin (bigín). Comenzar
Below (bilóu). Debajo de
Better (bérer). Mejor
Between (bitwí:n). Entre
Bottom (bá:rem). Parte inferior
Bye (bái). Adiós
Cheap (chi:p). Barato
Clean (kli:n). Limpiar
Coin (kóin). Moneda
Collect (kelékt). Cobrar
Color (kále:r). Color
Come (kam). Venir
Complete (kemplí:t). Completar
Cook (kuk). Cocinar
Cost (ka:st). Costar
Credit (krédit). Crédito
Customer (kásteme:r). Cliente
Customs (kástems). Aduana
Cut (kat). Cortar
Day (déi). Día
Directions (dairékshen). Instrucciones
Doctor (dá:kte:r). Doctor
Does (dáz). Auxiliar del presente simple
Dollar (dá:le:r). Dólar
Down (dáun). Abajo
Drink (drink). Beber
Early (érli). Temprano
Easy (í:zi). Fácil
End (end). Fin
Enough (ináf). Suficiente
Enter (éne:r). Ingresar
Exit (éksit). Salida
Expensive (ikspénsiv). Caro
Fine (fáin). Bien
Friend (frend) Amigo
Go on (góu a:n). Ocurrir
Go out (góu áut). Salir
Great (gréit). Fantástico
Happy (jæpi). Feliz
Hello (jelóu). Hola
Help (jelp). Ayudar
Hi (jái). Hola

House (jáuz). Casa

I.D. Card (ái di: ka:rd). Documento de identidad

Immigration (imigréishen). Inmigración

Just (sha:st). Recién

Know (nóu). Saber

Lawyer (la:ye:r). Abogado

Live (liv). Vivir

Mailman (méilmen). Cartero

Main (méin). Principal

Manager (mænishe:r). Gerente

Market (má:rket). Mercado

Mean (mi:n). Significar

Men(men). Hombres

Must (mast). Deber, estar obligado a

Name (néim). Nombre

Near (nir). Cerca

Nice (náis). Agradable

Nothing (názing). Nada

O.K. (óu kéi). De acuerdo

On (a:n). Sobre

Pay (péi). Pagar

Price (práis). Precio

Question (kuéschen). Pregunta

Read (ri:d). Leer

Ready (rédi). Listo

Right (ráit). Derecha

Second (sékend). Segundo

Sell (sel). Vender

Send (sénd). Enviar.

Shut (shat). Cerrar

Sign (sáin). Firmar

So (sóu). Por lo tanto

Sold (sóuld). Vendido

Somebody (sámba:di). Alguien

Something (sámzing). Algo

Speak (spi:k). Hablar

Start (sta:rt). Comenzar

Stop (sta:p). Parar

Take (téik). Tomar

Talk (ta:k). Conversar

Then (den). Entonces

Thing (zing). Cosa

Water (wá:re:r). Agua

Way (wéi). Camino

Where (wer). ¿Dónde?

Which (wích). ¿Cuál?

Who (ju:). ¿Quién?

Without (widáut). Sin

Work (we:rk). Trabajar

Work permit (we:rk pé:rmit). Permiso de trabajo.

Palabras Clave 201 a 300

Across (ekrá:s). A través, en frente de

Afternoon (æfte:rnu:n). Tarde

Again (egén). Otra vez

Agreement (egrí:ment). Acuerdo

Airport (érport). Aeropuerto

Amount (emáunt). Cantidad

Answer (ænser). Contestar

Apartment (apa:rtment). Apartamento

Application form (æplikéishen fo:rm). Formulario de solicitud

Apply (eplái). Postularse

Around (eráund). Alrededor

As (ez). Como

Ask (æsk). Preguntar

Attorney (eté:rnei). Abogado, fiscal

Authority (ezo:riti). Autoridad

Average (æverish). Promedio

Bank (bænk). Banco

Behind (bijáind). Detrás

Border (bo:rde:r). Frontera

Bottle (ba:rl). Botella

Box (ba:ks). Caja

Break (bréik). Romper

Bring (bring). Traer

Building (bílding). Edificio

Burn (be:rn). Quemar

Can (kæn). Poder

Cash (kæsh). Dinero en efectivo

Change (chéinsh). Cambiar

Check (chek). Cheque

Coffee (ka:fi). Café

Cold (kóuld). Frío

Come from (kam fra:m). Venir de

Construction worker (kenstrákshen we:rke:r). Obrero de la construcción

Contractor (kentræ:kte:r). Contratista

Count (káunt). Contar

Country code (kántri kóud). Código de país

Crime (kráim). Delito

Deliver (dilíve:r). Enviar

Dial (dáiel). Discar

Difference (díferens). Diferencia

Difficult (difikelt). Difícil

Dirty (déri). Sucio

Driver license (dráiver láisens). Licencia de conducir

Employee (imploií:). Empleado

Employer (implóie:r). Empleador

Experience (ikspíriens). Experiencia

Family (fæmeli). Familia

Feel (fi:l). Sentir

First (fe:rst). Primero

Follow (fá:lou). Seguir

Free (fri:). Libre

Hand (jænd). Mano

Hard (ja:rd). Difícil

Head (jed). Cabeza

High (jái). Alto

Hope (jóup). Esperanza

Hot (ja:t). Caliente

Important (impó:rtent). Importante

Information (infe:rméishen). Información

Insurance (inshó:rens). Seguro

Interest (íntrest). Interés

Key (ki:). Llave

Last (læst). Último

Learn (le:rn). Aprender

Leave (li:v). Partir

Little (lírel). Pequeño

Long (lan:g). Largo

Low (lóu). Bajo

Mad (mæd). Furioso

Meaning (mi:ning). Significado

Next (nékst). Próximo

Night (náit). Noche

Often (á:ften). A menudo

People (pí:pel). Gente

Person (pé:rsen). Persona

Phone (fóun). Teléfono

Prepaid (pripéd). Prepagado

Purchase (paercheis). Adquirir

Rate (réit). Tarifa, tasa

Rent (rent). Alquilar

Return (rité:rn). Devolver

Road (róud). Camino

Save (séiv). Ahorrar

Should (shud). Deber (para dar consejos)

Sick (sik). Enfermo

Since (sins). Desde

Spend (spénd). Gastar

Still (stil). Aún

Teach (ti:ch). Enseñar

Tell (tel). Decir

Think (zink). Pensar

Three (zri:). Tres

Tip (tip). Propina

Tomorrow (temórou). Mañana

Tonight (tenáit). Esta noche

Too (tu:). También

True (tru:). Verdad

Under (ánde:r). Debajo

Yesterday (yésterdei). Ayer

Yet (yet). Todavía

Palabras Clave 301 a 400

Able (éibel). Capaz

Above (ebáv). Arriba de

Accept (ekszépt). Aceptar.

Agree (egrí:). Estar de acuerdo

Also (á:lsou). También

Anybody (éniba:di). Alguien

Anyone (éniwan). Alguien

Anything (énizing). Algo

Ask for (æsk fo:r). Pedir

At (æt). A, en

ATM (ei. ti: em) Cajero automático

Avenue (ævenu:). Avenida

Block (bla:k). Cuadra

Both (bóuz). Ambos

Buy (bái). Comprar

Care (ker). Cuidado

Catch (kæch). Atrapar

Citizen (sírisen). Ciudadano

City (síri). Ciudad

Come back (kam bæk). Regresar

Come in (kam in). Entrar

Come on (kam a:n). Pedirle a alguien que se apure

Credit card (krédit ka:rd). Tarjeta de crédito.

Debit card (débit ka:rd). Tarjeta de débito

Deliver (dilíve:r). Enviar

Die (dái). Morir

Discussion (diskáshen). Conversación

Dry (drái). Seco

Education (eshekéishen). Educación

Elevator (éleveire:r). Ascensor

Evening (í:vning). Final de tarde, noche

Find (fáind). Encontrar

Four (fo:r). Cuatro

Gas (gæs). Gasolina

Inch (inch). Pulgada

Keep away (ki:p ewái). Mantenerse alejado

Last name (læst néim). Apellido

Late (léit). Tarde

Left (left). Izquierda

Listen (lísen). Escuchar

Look for (luk fo:r). Buscar

Lose (lu:z). Perder

Necessary (néseseri). Necesario

Only (óunli). Solamente

Outside (autsáid). Afuera

Over (óuve:r). Por encima

Pen (pen). Bolígrafo

Perfect (pé:rfekt). Perfecto

Place (pléis). Lugar

Pull (pul). Tirar, halar

Push (push). Empujar

Quick (kuík). Rápido

Really (ríeli). Realmente

Receive (risí:v). Recibir

Requirement (rikuáirment). Requisito

Resident (rézident). Residente

Run (ran). Correr

Run away (ran ewéi). Escapar

Safe (séif). Seguro

School (sku:l). Escuela

Seem (si:m). Parecer

Show (shóu). Mostrar

Sit (sit). Sentarse

Slow down (slóu dáun). Disminuir la marcha

Small (sma:l). Pequeño

Smoke (smóuk). Fumar

Soda (sóude). Refresco

Someone (sámuen). Alguien

Sometimes (sámtaimz). A veces

Sound (sáund). Sonar

Speed (spi:d). Velocidad

Speed up (spi:d ap). Acelerar

Spell (spel). Deletrear

Station (stéishen). Estación

Store (sto:r). Tienda

Supermarket (su:pe:rmá:rket). Supermercado

Telephone (téléfóun). Teléfono

Temperature (témpriche:r). Temperatura

There are (der a:r). Hay (pl.)

There is (der iz). Hay (sing.)

Through (zru:). A través

Times (táimz). Veces

Toilet (tóilet). Inodoro

Try (trái). Tratar

Twice (tuáis). Dos veces

Us (as). A nosotros

Walk (wa:k). Caminar

Wall (wa:l). Pared

Weather (wéde:r). Tiempo

Week (wi:k). Semana

Weekend (wí:kend). Fin de semana

Welcome (wélcam). Bienvenido

While (wáil). Mientras

Whole (jóul). Entero

Whose (ju:z). ¿De quién?

Worry (wé:ri). Preocuparse

Would (wud). Auxiliar para ofrecer o invitar

Wrong (ra:ng). Equivocado

Year (yir). Año

Zero (zí:rou). Cero

Palabras Clave 401 a 500

Actually (ækchueli). En realidad
Agency (éishensi). Agencia
Air (er). Aire
Area Code (érie kóud). Código de área
Arrival (eráivel). Llegada
Arrive (eráiv). Llegar
Attack (etæk). Ataque
Aunt (ænt). Tía
Bakery (béikeri). Panadería
Beer (bir). Cerveza
Birthday (bérzdei). Cumpleaños
Blue (blu:). Azul
Call (ka:l). Llamar
Carry (kéri). Transportar
Cashier (kæshír). Cajero
Ceiling (síling). Techo
Chance (chæns). Oportunidad
Citizenship (sírisenship) Ciudadanía
Clear (klíe:r). Aclarar
Closet (klóuset). Ropero
Comfortable (kámfe:rtebel) Cómodo
Company (kámpeni). Compañía
Computer (kempyú:re:r). Computadora
Counselor (káunsele:r). Asesor
Counter (káunte:r). Mostrador
Culture (ké:lche:r). Cultura
Debt (dét). Deuda
Destination (destinéishen). Destino
Dining room (dáining ru:m) Comedor
Dish (dish). Plato
Distance (dístens). Distancia
Downtown (dáuntaun). Centro de la ciudad
Driver (dráive:r). Conductor
Drugstore (drágsto:r). Farmacia
Egg (eg). Huevo
Eight (éit). Ocho
Electrician (elektríshen). Electricista
Engine (énshin). Motor
Expert (ékspe:rt). Experto
Farmer (fá:rme:r). Granjero
Feet (fi:t). Pies
Fight (fáit). Luchar
Fire (fáir). Fuego
Five (fáiv). Cinco
Foreign (fó:ren). Extranjero
Forget (fegét). Olvidar
Gas station (gæs stéishen). Gasolinera
Half (ja:f). Medio
Hear (jier). Oír
Highway (jáiwei). Autopista

Holiday (já:lidei). Día de fiesta, festivo

Hotel (joutél). Hotel

Hundred (já:ndred). Cien

Ice (áis). Hielo

Kitchen (kíchen). Cocina

Large (la:rsh). Grande

Light (láit). Luz

Lost (lost). Perdido

Meet (mi:t). Conocer a alguien

Move (mu:v). Mover

Once (uáns). Una vez

Opportunity (epertú:neri). Oportunidad

Our (áuer). Nuestro

Paper (péipe:r). Papel

Passport (pæspo:rt). Pasaporte

Permit (pé:rmit). Permiso

Phone card. (fóun ka:rd). Tarjeta telefónica.

Post office (póust á:fis). Oficina de correos

Profession (preféshen). Profesión

Quite (kuáit). Bastante

Relation (riléishen). Relación

Relationship (riléishenship). Relación

Remember (rimémbe:r). Recordar

Repeat (ripí:t). Repetir

Salesperson (séilspe:rsen). Vendedor

Set up (set ap) Establecer

Sir (se:r). Señor

Sleep (sli:p). Dormir

Smell (smel). Oler

Stair (stér). Escalera

Stamp (stæmp). Estampilla

Stop by (sta:p bái). Visitar por un corto período

Straight (stréit). Derecho

Subway (sábwei). Subterráneo

Sweat (swet). Transpirar

Thousand (záunsend). Mil

Throw (zróu). Lanzar

Throw away (zróu ewéi). Tirar a la basura

Tool (tu:l). Herramienta

Train (tréin). Tren

Truck (trak). Camión

Trunk (tránk). Maletero

Turnpike (té:rnpaik). Autopista con peaje

Usually (yu:shueli). Usualmente

Vacation (veikéishen). Vacación

Waist (wéist). Cintura

Warm (wa:rm). Cálido

Window (wíndou). Ventana

World (we:rld). Mundo

Worse (we:rs). Peor

Palabras Clave 501 a 600

Approval (eprú:vel). Aprobación

Argument (a:rgiument). Discusión

Assistant (esístent). Asistente

Awful (á:fel). Feo, horrible

Baby sitter (béibi síre:r). Niñera

Bake (béik). Hornear

Balcony (bælkeni). Balcón

Ball (ba:l). Pelota

Bathroom (bæzrum) Cuarto de baño

Battery (bæreri). Batería

Beautiful (biú:rifel). Hermoso

Bed (bed). Cama

Bedroom (bédrum). Dormitorio

Behavior (bijéivye:r). Comportamiento

Brother (bráde:r). Hermano

Brown (bráun). Marrón

Calm (ka:lm). Calmar

Car dealer (ka:r di:le:r). Vendedor de autos

Carpet (ká:rpet). Alfombra

Casual (kæshuel). Informal

Child (cháild). Niño

Children (chíldren). Hijos, niños

Copy (ká:pi). Copiar

Cousin (kázen). Primo

Danger (déinshe:r). Peligro

Dark (da:rk). Oscuro

Daughter (dá:re:r). Hija

Development (divélopment). Desarrollo

Door (do:r). Puerta

Engineer (enshinír). Ingeniero

Enjoy (inshói). Disfrutar

Ever (éve:r). Alguna vez

Example (igzæmpel) Ejemplo

Explain (ikspléin). Explicar

Fat (fæt). Grasa, gordo/a

Father (fá:de:r). Padre

Favorite (féivrit). Favorito

Feed (fi:d). Alimentar

Furniture (fé:rnicher). Muebles

Gardener (gá:rdene:r). Jardinero

Girl (ge:rl). Muchacha, niña

Girlfriend (gé:rlfrend). Novia

Grandfather (grændfá:de:r). Abuelo

Grass (græs). Césped

Hairdresser (jerdrése:r). Peluquero

Hard-working (já:rdwe:rking). Trabajador

Hate (jéit). Odiar

Him (jim). Lo, le, a él

Housekeeper (jáuz ki:pe:r). Ama de llaves

Hurt (he:rt). Doler

Husband (jázbend). Esposo

Interview (ínner:viu:). Entrevista

Labor (léibe:r). Laboral

Land (lænd). Tierra

Law (la:). Ley

Mechanic (mekænik). Mecánico

Mine (máin). Mío/a

Miss (mis). Señorita

Mother (máde:r). Madre

Nanny (næni). Niñera

Nurse (ners). Enfermera

Offer (á:fe:r). Oferta

Office (á:fis). Oficina

Paint (péint). Pintar

Parents (pérents). Padres

Rain (réin). Lluvia

Rest (rest). Descansar

Résumé (résyu:mei) Currículum vitae

Roof (ru:f). Techo

Room (ru:m). Habitación

Screw (skru:). Atornillar

Screw driver (skru: dráive:r). Destornillador

Screw up (skru: ap). Arruinar

Seat (si:t). Asiento

Serve (se:rv). Servir

Shelf (shelf). Estante

Sister (síste:r). Hermana

Six (síks). Seis

Skill (skil). Habilidad

Social Security (sóushel sekiurity). Seguro social

Son (san). Hijo

Stool (stu:l). Banqueta

Stove (stóuv). Cocina

Sweep (swi:p). Barrer

Table (téibel). Mesa

Technician (tekníshen). Técnico

Tire (táie:r). Goma

Uncle (ánkel). Tío

Union (yú:nien). Sindicato

Vacuum (vækyú:m). Aspiradora

Veterinarian (vete:riné:rian). Veterinario

Waiter (wéire:r). Mesero

Waitress (wéitres). Mesera

Wash (wa:sh). Lavar

Waste (wéist). Malgastar

Watch (wa:ch). Mirar

Wheel (wi:l). Rueda

Wife (wáif). Esposa

Wind (wind). Viento

Wood (wud). Madera

Palabras Clave 601 a 700

Account (ekáunt). Cuenta
Add (æd). Agregar
Advice(edváis). Consejo
Apologize (epá:leshaiz). Disculparse
Attention (eténshen). Atención
Balance (bælens). Saldo
Bankrupt (bænkrept). Bancarrota
Basement (béisment). Sótano
Black (blæk). Negro
Blind (bláind). Ciego
Blond (bla:nd). Rubio
Blow (blóu). Soplar
Borrow (bárau). Pedir prestado
Boyfriend (bóifrend). Novio
Buddy (bári). Amigo
Certificate (se:rtífiket). Certificado
Chest (chest). Pecho
Chicken (chíken). Pollo
Could (kud). Podría
Damage (dæmish). Daño
Dangerous (déinsheres). Peligroso
Deposit (dipá:zit). Depósito
Dictionary (díksheneri). Diccionario
Dime (dáim). Diez centavos de dólar
Disappointed (disepóinted). Desilusionado
Down payment (dáun péiment). Anticipo, cuota inicial
During (during). Durante
Error (é:re:r). Error
Every day (évri déi). Todos los días
Everything (évrizing). Todo
Excellent (ékselent). Excelente
Floor (flo:r). Piso
Front (fra:nt). Frente
Fun (fan). Diversión
Get up (get ap). Levantarse de la cama
Give back (giv bæk). Devolver
Glass (glæs). Vidrio
Glasses (glæsiz). Anteojos
Go through (góu zru:). Revisar
Gray (gréi). Gris
Green (gri:n). Verde
Her (je:r). Su (de ella)
Imagine (imæshin). Imaginar
Improve (imprú:v). Mejorar
Increase (inkrí:s). Aumentar
Installment (instá:lment). Cuota
Interest rate (íntrest réit). Tasa de interés
Interesting (íntresting). Interesante
Invite (inváit). Invitar
Kick (kik). Patear

Kid (kid). Niño, chico

Language (længuish). Idioma

Line (láin). Fila

Mess (mes). Desorden

Money order (máni ó:rde:r). Giro postal

Month (mánz). Mes

Mouth (máuz). Boca

News (nu:z). Noticias

Nickel (níkel). Cinco centavos de dólar

Noise (nóiz). Ruido

Official (efíshel). Oficial

Package (pækish). Paquete

Penny (péni). Un centavo de dólar

Pick up (pik ap). Recoger

Prescription (preskrípshen). Receta médica

Problem (prá:blem). Problema

Quarter (kuá:re:r). Veinticinco centavos de dólar

Rare (rer). Cocción jugosa

Remind (rimáind). Hacer acordar

Reschedule (riskéshu:l). Reprogramar

Scissors (sí:ze:rs). Tijeras

Season (sí:zen). Temporada

Separate (sépe:reit). Separar

Seven (séven). Siete

Shake hands (shéik jændz). Dar la mano

Ship (ship). Barco

Shipment (shipment). Envío

Smart (sma:rt). Inteligente

Snow (snóu). Nieve

Space (spéis). Espacio

Spring (spring). Primavera

Stomach (stá:mek). Estómago

Student (stú:dent). Estudiante

Study (stádi). Estudiar

Stuff (staf). Cosas

Summer (sáme:r). Verano

Sun (sán). Sol

Tax (tæks). Impuesto

Their (der). Su (de ellos/as)

Them (dem). Les, las, los, a ellos/as

These (di:z). Estas/estos

Those (dóuz). Esas/os, aquellas/os

Transaction (trensækshen). Transacción

Transfer (trænsfe:r). Transferir

Travel (trævel). Viajar

Trip (trip). Viaje

Winter (wíne:r). Invierno

Wire (wair). Alambre

Withdraw (widdra:). Retirar dinero

Yellow (yélou). Amarillo

Palabras Clave 701 a 800

A. M. (éi em). Antes del mediodía

Amazed (eméizd). Sorprendido

Basket (bæsket). Canasta

Bicycle (báisikel). Bicicleta

Bill (bil). Billete

Boat (bóut). Bote

Boil (boil). Hervir

Book (buk). Libro

Boot (bu:t). Bota

Brake (bréik). Freno

Bread (bred). Pan

Cab (kæb). Taxi

Cheese (chi :z). Queso

Classified ad (klæsifaid æd). Aviso clasificado

Clothes (klóudz). Ropa

Coat (kóut). Abrigo

Commercial (kemé:rshel). Aviso publicitario

Condition (kendíshen). Condición

Couch (káuch). Sillón

Depend (dipénd). Depender

Desk (désk). Escritorio

Dessert. (dizé:rt). Postre

Detail (díteil). Detalle

Doubt (dáut). Duda

Dress (dres). Vestido

Entertainment (ene:rtéinment). Entretenimiento

Fall (fa:l). Caída

Fashion (fæshen). Moda

Field (fi:ld). Campo

Fill (fil). Llenar

Flight (fláit). Vuelo

Fork (fo:rk). Tenedor

Frozen (fróuzen). Congelado

Fruit (fru:t). Fruta

Fry (frái). Freír

Give back (giv bæk). Devolver

Give up (giv ap). Darse por vencido

Groceries (gróuseri:z). Víveres

Group (gru:p). Grupo

Grow (gróu). Crecer

Guess (ges). Suponer

Hole (jóul). Agujero

Homemade (jóumméid). Casero

Idea (aidíe). Idea

Introduce (intredu:s). Presentar

Iron (áiren). Hierro

Join (shoin). Unirse

Joke (shóuk). Chiste, broma

Lane (léin). Carril de una autopista

Less (les). Menos

Level (lével). Nivel

Match (mæch). Partido

Meal (mi:l). Comida

Meeting (mí:ting). Reunión

Menu. (ményu:). Menú

Mix (miks). Mezclar

Movement (mu:vment). Movimiento

Morning (mo:rning). Mañana

Nose (nóuz). Nariz

O'clock (eklá:k). En punto

On sale (a:n séil). En liquidación, rebajas

Order (á:rde:r). Ordenar

P.M. (pi: em). Después del mediodía

Pair (per). Par

Park (pa:rk). Parque

Picture (píkche:r). Foto

Plane (pléin). Avión

Police (pelí:s). Policía

Pound (páund). Libra

Powerful (páue:rfel). Poderoso

Prefer (prifé:r). Preferir

Priority (praió:reri). Prioridad

Reduce (ridú:s). Reducir

Refund (rífand). Reembolso

Reliable (riláiebel). Confiable

Responsible (rispá:nsibel). Responsable

Restaurant (résteren). Restaurante

Retire (ritáir). Jubilarse

Review (riviú:). Revisión

Sad (sæd). Triste

Salt (sa:lt). Sal

Scratch (skræch). Rascar

Square(skwér). Cuadrado

Stay (stéi). Quedarse

Steal (sti:l). Robar

Stranger (stréinshe:r). Desconocido

Style (stáil). Estilo

Sunglasses (sánglæsiz). Anteojos de sol

Swallow (swálou). Tragar

Swim (swim). Nadar

Tall (ta:l). Alto

Toll (tóul). Peaje

Traffic (træfik). Tránsito

Traffic light (træfik láit). Semáforo

Traffic sign (træfik sáin). Señal de tránsito

Turn (te:rn). Doblar

Turn off (te:rn a:f). Apagar

Turn on (te:rn a:n). Encender

Voice(vóis). Voz

Yield (yild). Ceder el paso

Palabras Clave 801 a 900

Alcohol (ælkeja:l). Alcohol

Antibiotic (æntibaiá:rik). Antibiótico

Apple (æpel). Manzana

Arm (a:rm). Brazo

Attend (eténd). Concurrir

Belt (belt). Cinturón

Blood (bla:d). Sangre

Body (ba:dy). Cuerpo

Breath (brez). Aliento

Cable (kéibel). Cable

Chair (che:r). Silla

Christmas (krísmes). Navidad

Clever (kléve:r). Inteligente

Cloud (kláud). Nube

Corner (kó:rne:r). Esquina

Cough (kaf). Toser

Cry (krái). Llorar

Degree (digrí:). Grado

Dentist (déntist). Dentista

Destroy (distrói). Destruir

Destruction (distrákshen). Destrucción

Disease (dizí:z). Enfermedad

Dizzy (dízi). Mareado

Double (dábel). Doble

Dream (dri:m). Soñar

Dust (dást). Polvo

Ear (ir). Oreja

Earth (érz). Tierra

Effect (ifékt). Efecto

Eye (ái). Ojo

Face (féis). Cara

Fasten (fæsen). Ajustarse

Feeling (fi:ling). Sentimiento

Fever (fìve:r). Fiebre

Final (fáinel). Final

Finger (fínge:r). Dedo de la mano

Fireman (fáirmen). Bombero

Fish (fish). Pez

Flu (flu:). Gripe

Foot (fut). Pie

Frightened (fráitend). Asustado

Grow up (gróu ap). Criarse, crecer

Guide (gáid). Guía

Guy (gái). Chicos/chicas, gente

Hair (jér). Pelo

Hang (jæng). Colgar

Headache (jédeik). Dolor de cabeza

Health (jélz). Salud

Homesick (jóumsik). Nostalgico/a

Immediate (imí:diet). Inmediato

Incredible (inkrédibel). Increíble

Knock (na:k). Golpear repetidamente

Lie (lái). Mentir

Liquid (líkwid). Líquido

Loan (lóun). Préstamo

Luck (lak). Suerte

Married (mérid). Casado

Medicine (médisen). Medicina

Message (mésish). Mensaje

Million (mílien). Millón

Nation (néishen). Nación

Neck (nek). Cuello

Newspaper (nu:spéiper). Diario

Nonresident (na:nrézident). No residente

Oil (óil). Aceite

Pack (pæk). Paquete

Pants (pænts). Pantalones largos

Parking lot (pa:rking lot). Estacionamiento

Patient (péishent). Paciente

Pharmacist (fá:rmesist). Farmacéutico

Play (pléi). Jugar

Proud (práud). Orgulloso

Red (red). Rojo

Rice (ráis). Arroz

Salad (sæled). Ensalada

Selfish (sélfish). Egoísta

Sensible (sénsibel). Sensato

Sensitive (sénsitiv). Sensible

Short (sho:rt). Corto

Skirt (ske:rt). Falda

Soap (sóup). Jabón

Socks (sa:ks). Calcetines

Sore (so:r). Dolorido

State (stéit). Estado

Suffer (sáfe:r). Sufrir

Sugar (shúge:r). Azúcar

Suitcase (sú:tkeis). Maleta

Sweet (swi:t). Dulce

Throat (zróut). Garganta

Tired (taie:rd). Cansado

Tomato (teméirou). Tomate

Tooth (tu:z). Diente

Upset (apsét). Disgustado

Vegetables (véshetebels). Verduras

Visit (vízit). Visitar

Weight (wéit). Peso

Well done (wel dan). Bien hecho

Wet (wet). Húmedo

Wine (wáin). Vino

Young (ya:ng). Joven

Palabras Clave 901 a 1000

Angry (ængri). Enojado

Background (bækgraund). Antecedentes

Case (kéis). Caso

Court (ko:rt). Corte

Cover (ká:ve:r). Cubrir

Cup (káp). Taza

Date (déit). Fecha

Death (déz). Muerte

Decision (disí*sh*en). Decisión

Draw (dra:w). Dibujar

Drop (dra:p). Hacer caer

Envelope (énveloup). Sobre

Environment (inváirenment). Medio ambiente

Fit (fit). Quedar bien (una prenda)

Flower (flaue:r). Flor

Force (fo:rs). Forzar

Game (géim). Juego

Gold (góuld). Oro

Government (gáve:rnment). Gobierno

Guest (gést). Huésped

Homework (jóumwe:k). Tareas del estudiante

Honest (á:nest). Honesto

Illness (ílnes). Enfermedad

Injury (ínsheri). Herida

Judge (shash). Juez

Jump (shamp). Saltar

Justice (shástis). Justicia

Kill (kil). Matar

Kiss (kis). Besar

Knee (ni:). Rodilla

Knife (náif). Cuchillo

Landlord (lændlo:rd). Locador

Laugh (læf). Reír

Leg (leg). Pierna

Legal (lí:gel). Legal

Letter (lére:r). Carta

Love (lav). Amar

Magazine (mægezí:n). Revista

Mass (mæs). Masa

Meat (mi:t). Carne

Microwave oven (máikreweiv óuven). Horno a microondas

Milk (milk). Leche

Mirror (míre:r). Espejo

Model (má:del). Modelo

Movie (mu:vi). Película

Music (myu:zik). Música

Naturalization (næchera:lai-zéishen). Naturalización

Option (á:pshen). Opción

Ounce (áuns). Onza
Party (pá:ri). Fiesta
Pass (pæs). Pasar (atravesar)
Piece (pi:s). Porción
Pillow (pílou). Almohada
Poor (pur). Pobre
Pork (po:rk). Cerdo
Potato (petéirou). Papa
Pretty (príri). Bonito
Prison (prí:sen). Prisión
Recipe (résipi). Receta
Recommend (rekeménd). Recomendar
Relax (rilæks). Descansar
Ring (ring). Anillo
River (ríve:r). Río
Rude (ru:d). Maleducado
Satisfied (særisfáid). Satisfecho
Scale (skéil). Balanza
Sea (si:). Mar
Sheet (shi:t). Hoja de papel
Shine (sháin). Brillar
Shirt (shé:rt). Camisa
Shoe (shu:). Zapato
Shoulder (shóulde:r). Hombro
Shy (shái). Tímido.
Sign (sáin). Firmar
Size (sáiz). Talla
Skin (skin). Piel
Sky (skái). Cielo
Soccer (sá:ke:r). Fútbol
Song (sa:ng). Canción
Soup (su:p). Sopa
Special (spéshel). Especial
Sport (spo:rt). Deporte
Steak (stéik). Filete
Suppose (sepóuz). Suponer
Surprise (se:rpráiz). Sorpresa
Swear (swer). Jurar
Sweater (suére:r). Suéter
Taste (téist). Gusto
Ten (ten). Diez
Tennis shoes (ténis shu:z). Zapatos tenis
Thief (zi:f). Ladrón
Thunder (zánde:r). Truenos
Translator (trensléire:r). Traductor
Trespass (trespæs). Entrar ilegalmente
Trial (tráiel). Juicio.
T-shirt (ti: shé:rt). Camiseta
Umbrella (ambréle). Paraguas
University (yu:nivé:rsiri). Universidad
Wear (wer). Usar ropa
Widow (wídou). Viuda

TEST DE VOCABULARIO autocorregido

AUTOTEST para Palabras Clave 1 a 100

Marque en cada caso el significado más adecuado

1) Address
- **a** Añadir
- **b** Departamento
- **c** Dirección
- **d** Aderezo

2) Age
- **a** Ajo
- **b** Edad
- **c** Ajá
- **d** Años

3) Because
- **a** Cómo
- **b** Cuánto
- **c** Dónde
- **d** Porque

4) Far
- **a** Justo
- **b** Lejos
- **c** Gordo
- **d** Así

5) From
- **a** Desde
- **b** Hacia
- **c** Para
- **d** Por

6) Job
- **a** Ocio
- **b** Trabajo
- **c** Afición
- **d** Religión

7) Mail
- **a** Cartero
- **b** Sobre
- **c** Correo
- **d** Carta

8) Old
- **a** Joven
- **b** Viejo
- **c** Edad
- **d** Maduro

9) Same
- **a** Igual
- **b** Similar
- **c** Parecido
- **d** Familiar

10) Understand
- **a** Debajo
- **b** Significar
- **c** No aguantar
- **d** Entender

Respuestas en la **pág. 270**

AUTOTEST para Palabras Clave 101 a 200

Marque en cada caso el significado más adecuado

1) **About** a Interés b Lejano c Próximo d Acerca de	6) **Enough** a Suficiente b Insuficiente c Demasiado d Poco
2) **Before** a Antes b Después c Ahora d Arriba	7) **Go out** a Entregar b Acompañar c Entrar d Salir
3) **Between** a Detrás b Delante c Entre d Frente	8) **Mean** a Significar b Ayudar c Motivar d Estimular
4) **Collect** a Recolectar b Cobrar c Coleccionar d Pagar	9) **Send** a Recibir b Enviar c Entregar d Aportar
5) **Customer** a Agente b Proveedor c Cliente d Obligado	10) **Something** a Alguien b Alguno c Algo d Algún día

Respuestas en la **pág. 270**

AUTOTEST para Palabras Clave 201 a 300

Marque en cada caso el significado más adecuado

1) **Afternoon**
   a Mañana
   b Tarde
   c Noche
   d Ayer

2) **Apply**
   a Recibirse
   b Postularse
   c Obtener
   d Lograr

3) **Attorney**
   a Torno
   b Atornillar
   c Atender
   d Abogado

4) **Building**
   a Edificio
   b Bloque
   c Departamento
   d Cuadra

5) **Come from**
   a Venir de
   b Ir hacia
   c Venir hacia
   d Volver

6) **Dial**
   a Jabón
   b Día
   c Discar
   d Dar

7) **Insurance**
   a Seguro
   b Seguramente
   c Insatisfecho
   d Intentar

8) **Often**
   a Oír
   b A menudo
   c Pocas veces
   d Diez

9) **Prepaid**
   a Barata
   b Gratis
   c Medicina
   d Prepaga

10) **Purchase**
   a Bolso
   b Comprar
   c Vender
   d Purgar

Respuestas en la **pág. 270**

AUTOTEST para Palabras Clave 301 a 400

Marque en cada caso el significado más adecuado

1) **Able**
   a Amable
   b Capaz
   c Hablar
   d Oír

2) **Ask for**
   a Pedir
   b Preguntar
   c Responder
   d Salir

3) **Care**
   a Auto
   b Cuidado
   c Farmacia
   d Maltratar

4) **Citizen**
   a Residente
   b Ciudadano
   c Americano
   d Reloj

5) **Discussion**
   a Pelea
   b Discusión
   c Conversación
   d Trifulca

6) **Listen**
   a Listar
   b Escuchar
   c Igualar
   d Oler

7) **Requirement**
   a Requisito
   b Reaparecer
   c Resabiado
   d Recepción

8) **Slow down**
   a Acelerar
   b Reducir velocidad
   c Detenerse
   d Huir de

9) **Sometimes**
   a Alguien
   b Alguno
   c A veces
   d Siempre

10) **Worry**
   a Preocuparse
   b Desentenderse
   c Despreocuparse
   d Correr

Respuestas en la **pág. 270**

AUTOTEST para Palabras Clave 401 a 500

Marque en cada caso el significado más adecuado

1) **Actually**
   a Actualmente
   b Ahora
   c En realidad
   d En breve

2) **Bakery**
   a Panadería
   b Carnicería
   c Pescadería
   d Frutería

3) **Ceiling**
   a Cielo
   b Techo
   c Suelo
   d Piso

4) **Counter**
   a Contra
   b Mostrar
   c Mostrador
   d Contener

5) **Engine**
   a Ingenio
   b Motor
   c Ingeniero
   d Máquina

6 **Foreign**
   a Latinoamericano
   b Extranjero
   c Americano
   d Extraño

7) **Kitchen**
   a Gatos
   b Cocina
   c Animales
   d Baño

8) **Post office**
   a Oficina de postas
   b Oficina de correos
   c Oficina de carros
   d Oficina de ventas

9) **Smell**
   a Oler
   b Escuchar
   c Hablar
   d Decir

10) **Usually**
   a Usuario
   b Usado
   c Usualmente
   d Usual

Respuestas en la **pág. 270**

AUTOTEST para Palabras Clave 501 a 600

Marque en cada caso el significado más adecuado

1) **Argument**
   a Argumento
   b Discusión
   c Justificación
   d Presentación

2) **Beautiful**
   a Linda
   b Fea
   c Atractiva
   d Graciosa

3) **Car dealer**
   a Taller de autos
   b Vendedor de autos
   c Cuidador de autos
   d Parqueador de autos

4) **Daughter**
   a Hija
   b Sobrina
   c Hermana
   d Prima

5) **Furniture**
   a Cocinas
   b Camas
   c Muebles
   d Sofás

6) **Grandfather**
   a Tío
   b Abuelo
   c Padre grande
   d Bisabuelo

7) **Husband**
   a Esposa
   b Esposo
   c Matrimonio
   d Boda

8) **Nurse**
   a Cuidadora de niños
   b Azafata
   c Enfermera
   d Doctora

9) **Parents**
   a Parientes
   b Hermanos
   c Cuñados
   d Padres

10) **Son**
   a Hijo
   b Sol
   c Hija
   d Música

Respuestas en la **pág. 270**

AUTOTEST para Palabras Clave 601 a 700

Marque en cada caso el significado más adecuado

1) **Advice**
   a Avisar
   b Atender
   c Comercial TV
   d Consejo

2) **Basement**
   a Sótano
   b Ático
   c Estadio
   d Base

3) **Buddy**
   a Cuerpo chico
   b Cuerpo grande
   c Amigo
   d Vecino

4) **Down Payment**
   a Pago final
   b Pago completo
   c Anticipo
   d Última cuota

5) **Everything**
   a Nada
   b Todo
   c Algunas cosas
   d Muchas cosas

6) **Installment**
   a Instalación
   b Instalador
   c Escalera
   d Cuota

7) **Prescription**
   a Receta
   b Prescripción
   c Fecha límite
   d Caducidad

8) **Shipment**
   a Barco
   b Navegante
   c Envío
   d Marinero

9) **These**
   a Estos
   b Esos
   c Aquellos
   d Algunos

10) **Withdraw**
   a Retirar dinero
   b Depositar dinero
   c Guardar dinero
   d Ahorrar dinero

Respuestas en la **pág. 270**

AUTOTEST para Palabras Clave 701 a 800

Marque en cada opción el significado más adecuado

1) **Bread**
   a Manteca
   b Pan
   c Harina
   d Trigo

2) **Couch**
   a Entrenador
   b Bus
   c Coche
   d Sillón

3) **Dessert**
   a Vacío
   b Desierto
   c Nadie
   d Postre

4) **Fork**
   a Tenedor
   b Cuchillo
   c Cuchara
   d Cubiertos

5) **Groceries**
   a Groserías
   b Vulgaridades
   c Víveres
   d Cosas grandes

6) **Homemade**
   a Casero
   b Constructor de casas
   c Hogar
   d Casa

7) **Lane**
   a Rubio
   b Lacio
   c Carril
   d Vía de tren

8) **On sale**
   a En liquidación
   b En venta
   c Salida
   d Salado

9) **Refund**
   a Pago
   b Contra entrega
   c Volver a fundir
   d Reembolso

10) **Toll**
   a Alto
   b Bajo
   c Peaje
   d Autopista

Respuestas en la **pág. 270**

AUTOTEST para Palabras Clave 801 a 900

Marque en cada opción el significado más adecuado

1) **Arm**
   a Arma
   b Pistola
   c Brazo
   d Mano

2) **Dust**
   a Pato
   b Patio
   c Conducto
   d Polvo

3) **Feeling**
   a Relleno
   b Llenar
   c Dolor
   d Sentimiento

4) **Flu**
   a Mosca
   b Catarro
   c Resfrío
   d Gripe

5) **Health**
   a Salud
   b Riqueza
   c Abundancia
   d Hospital

6) **Homesick**
   a Enfermo
   b Nostálgico
   c Casa principal
   d Enfermo en casa

7) **Married**
   a Cansado
   b Esposado
   c Casado
   d Matrimonio

8) **Proud**
   a Orgulloso
   b Feliz
   c Satisfecho
   d Encantado

9) **Sensible**
   a Sensible
   b Suave
   c Sensato
   d Delicado

10) **Upset**
   a Disgustado
   b Vuelta abajo
   c Volver
   d Subir

Respuestas en la **pág. 270**

AUTOTEST para Palabras Clave 901 a 1000

Marque en cada caso el significado más adecuado

1) **Envelope**
   a Envolver
   b Encima
   c Sobre
   d Abajo

2) **Guest**
   a Invitado
   b Adivinar
   c Guardado
   d Abandonado

3) **Homework**
   a Trabajo doméstico
   b Tarea del estudiante
   c Oficina
   d Estudio

4) **Knife**
   a Cuchillo
   b Cuchara
   c Cubiertos
   d Tenedor

5) **Letter**
   a Permitir
   b Dejar hacer
   c Correo
   d Carta

6) **Movie**
   a Móvil
   b Película
   c Serie de TV
   d Celular

7) **Ounce**
   a Una vez sólo
   b Once
   c Onza
   d Peso

8) **Pretty**
   a Fea
   b Bella
   c Atractiva
   d Rubia

9) **Scale**
   a Escalera
   b Escalera automática
   c Balanza
   d Regla

10) **Size**
   a Gorda
   b Delgada
   c Talle
   d Talla

Respuestas en la **pág. 270**

RESPUESTAS DE LOS TEST DE VOCABULARIO

RESPUESTAS DE LOS TEST DE VOCABULARIO

Grupo 1 al 100									
1) c	2) b	3) d	4) b	5) a	6) b	7) c	8) b	9) a	10) d
Grupo 101 al 200									
1) d	2) a	3) c	4) b	5) c	6) a	7) d	8) a	9) b	10) c
Grupo 201 al 300									
1) b	2) b	3) d	4) a	5) a	6) c	7) a	8) b	9) d	10) b
Grupo 301 al 400									
1) b	2) a	3) b	4) b	5) c	6) b	7) a	8) b	9) c	10) a
Grupo 401 al 500									
1) c	2) a	3) b	4) c	5) b	6) b	7) b	8) b	9) a	10) c
Grupo 501 al 600									
1) b	2) a	3) b	4) a	5) c	6) b	7) b	8) c	9) d	10) a
Grupo 601 al 700									
1) d	2) a	3) c	4) c	5) b	6) d	7) a	8) c	9) a	10) a
Grupo 701 al 800									
1) b	2) d	3) d	4) a	5) c	6) a	7) c	8) a	9) d	10) c
Grupo 801 al 900									
1) c	2) d	3) d	4) d	5) a	6) b	7) c	8) a	9) c	10) a
Grupo 901 al 1000									
1) c	2) a	3) b	4) a	5) d	6) b	7) c	8) b	9) c	10) d